PAPÁ Y MAMÁ

Modelos para nuestros hijos

PAPÁ Y MAMÁ

Modelos para nuestros hijos

JOSÉ FCO. GONZÁLEZ RAMÍREZ

ISBN: 84-9764-305-4
Depósito legal: M-48677-2002
Fecha de aparición: Febrero 2003

Colección: Guía de padres
Título: Papá y mamá
Autor: Mariano G. Ramírez
Diseño de cubierta: El ojo del huracán
Impreso en: LÁVEL

IMPRESO EN ESPAÑA – *PRINTED IN SPAIN*

INTRODUCCIÓN

Con este libro pretendemos introducirnos en la idea de cómo el niño puede percibir la realidad adulta. A lo largo de toda la obra tratamos de entender a papá y a mamá desde la reflexión adulta y el conocimiento científico, pero desde la perspectiva de cómo lo podría ver un niño que tuviera un nivel de comunicación reflexiva y verbal tan desarrollado como una persona mayor.

Por tanto, advertimos que la narración es como si la hiciese un niño. Ponemos en su boca todo un universo de análisis y reflexiones del modo en que lo haría un adulto si fuera niño y tuviera la experiencia de la vida de una persona mayor; y claro, esto enfocado hacia la figura de papá y mamá.

Así pues, este libro es una metáfora, pero basado en el conocimiento de la psicología y la conclusión de muchos autores de los que transcribimos sus opiniones.

Y este es el modo en que presentamos tan sugestivo tema sobre papá y mamá...¡Esperamos que guste a los padres...!

La idea de escribir el libro en la forma que hemos descrito anteriormente se basa en la sugerente frase del famoso pedagogo Freire, quien dijo:

«Hazte como un niño y entrarás en el reino mágico de la pedagogía.»

Este libro va desarrollando a lo largo de sus diversos capítulos una ingente cantidad de temáticas que
preocupan a los padres. Temas todos interesantes con
relación al concepto de la educación que los papás deben brindar a sus hijos.

CAPÍTULO I

¿QUIÉNES SON PAPÁ Y MAMÁ?

La familia constituye actualmente un núcleo social muy difícil de definir, pues está sometido a muchas variables. No es posible decir de un modo simple que esté solo constituido por un padre, una madre y un hijo. Las variables que se pueden dar en la familia son realmente muy grandes. Pero, de cualquier modo, vamos a tratar de definir dos figuras: a «papá» y a «mamá».

Fui un día a una a una guardería y un niño me dijo:

—¡Papá!

Simplemente parece que mi corbata y mi adultez le llevaron a exclamar de esa forma como si yo fuera para él la figura más habitual y querida.

No sé por qué los adultos tratamos continuamente de corregir a los niños. Cuanto más pequeños son más nos da por pensar que necesitan corrección. Es como si tuviéramos complejo de estar ante un abeto al que cuidásemos poniéndole guías para que no se tuerza. Bueno, una cosa es que les guiemos y otra muy distinta que les consideremos más incapaces de lo que realmente son.

Es posible que esto sea simplemente un pequeño defecto del cariño y la hiperprotección que nuestra sociedad temerosa tiende a expresar con sus hijos como si fueran seres frágiles y fáciles de romper o quizá, sea simplemente la expresión de un sentimiento de culpa muy honda que hoy aqueja a gran parte de nuestra población...

Un mal muy presente en nuestro mundo actual en el que papá y mamá trabajan demasiadas horas, tienen excesivas responsabilidades, o demasiadas preocupaciones económicas, y el estrés hace mella por doquier...

Así que la educadora de aquella guardería me dio la sensación de que reprendía amablemente a la niña, diciéndole.

—¡No! ¡No! ¡No es tu papá!, es un señor.

Lo que quería decir la niña era que me reconocía como alguien familiar que le recordaba a su papá. Supe por su mirada y la manera en que trataba de abrazarme que me había «sustituido» por su papá.

Los niños buscan el cariño y el afecto de una manera realmente significativa. Quizá sea lo único que les importe en este mundo, hasta tal punto que por la afectividad y el cariño son capaces de hacer cosas insólitas: rivalizar con los hermanos, no dormir, no comer, portarse mal... ¡Todo por ganar el afecto de papá y mamá...!

Una señora siempre decía que el niño era feliz donde había afecto y cariño. Como si realmente los niños fueran ángeles cuya única misión fuera vivir en el amor, el afecto y el cariño

En otra ocasión viví el mismo fenómeno, pero esta vez fue con un niño pequeño que llamaba a su educadora:

10

—¡Mamá!

A la madre verdadera aquello no le gustó, y reprendió al niño con palabras muy severas, fruto quizá de los celos. En la actualidad, no hay que extrañarse de nada, estas cosas son muy normales.

Hoy casi todas las mamás trabajan y se han creado en ellas muchos complejos de culpa. Muchas de ellas se llenan de sentimientos y sensaciones de culpabilidad.

Están nerviosas por la responsabilidad de sus trabajos; y luego, además, al llegar al dulce hogar bregan con el oficio de amas de casa. Bueno, eso si no se han liberado del yugo masculino, de eso que está de boca en boca llamado «machismo». Muchas mujeres se empiezan a quejar de que no sólo trabajan fuera de casa, sino que a veces también tienen que hacerlo en el hogar sin ayuda de nadie, y algunas dicen:

—¡Eso sí que no!

No todo en el feminismo, cuya corriente ha sido el fermento de una justicia social necesaria, es bien entendido por todas las féminas. En este sentido, algunas mujeres han sabido darle la vuelta a la tortilla, siendo ahora ellas las que «mandan» de un modo machista en casa. En realidad, todo eso provoca un poco más de lo mismo en esa injusticia social histórica que divide y separa a los sexos como si fueran no personas... Pero es mucho mayor la nefasta y aun extendida mentalidad machista; mas, realmente, ¿qué importa de qué sexo sea quien la practique...?

Mamá hoy día es una mujer trabajadora y eficaz, muy ocupada, casi sin tiempo. Mamá llega a casa los domingos y apenas si puede estarse quieta, me da todo cuanto pido y hago lo que quiero. No me niega nada. Y a veces, la oigo exclamar:

—¡Pobre mío!, si no paso tiempo con él, ¿cómo voy a negarle nada...?

Por eso aquella mamá se enfadó con el niño al decirle aquello a la educadora. Creyó por un momento que le usurpaban su puesto, que su hijo renunciaba a ella, después de tanto sacrificio.

En realidad todos esos celos eran obra de cierto complejo de culpabilidad.

¿Podríamos pensar que los niños hacen estas cosas porque se olvidan de quién es quién, o que pierden el sentido de la realidad?

Ni mucho menos. No hay nadie que tenga un sentido más real que un niño. Están siempre aquí y ahora, en el presente, con sus sentidos abiertos y continua exploración del mundo que les rodea.

Dicen de ellos que son como esponjas. Papá y mamá tienen que andarse con mucho cuidado, pues todo cuanto dicen o hacen va a parar al niño como si fuera un cajón de sastre, de tal forma que en cualquier momento sacan aquello que menos se espera.

¿No dice esa canción de Serrat algo así?:

«A menudo los hijos se nos parecen si nos dan la primera satisfacción...»

Aunque no me veas, esto lo digo entonando la letra al estilo del cantautor.

Un niño es un pozo de sabiduría. Esos locos bajitos están tan despiertos que llaman nuestra atención, avivan nuestra curiosidad; a veces, los miramos con la envidia de quien ha salido de un paraíso ahora perdido para no volver jamás.

Papá y mamá lo saben muy bien, por eso nos aman y sienten tanta ternura por nosotros.

Un día estaba yo jugando con una pandilla de niños de entre dos y cuatro años, en una escuela infantil donde yo ejerzo mi profesión de psicólogo, como si fuera uno de ellos. Trataba de integrarme con el grupo y prácticamente después de muchas semanas logré relacionarme casi como si fuera un igual.

Me daban mamporros, me llamaban tonto y hacían pedorretas con la boca. Estoy seguro de que lo hacían para vengarse de que era como un papá débil, sometido a ellos.

La verdad es que aquel grupo era muy inquieto y entre ellos había sus más y sus menos. La educadora tenía allí mucho trabajo...

Cierta vez me dijo con voz de trueno:

—¡Claro! ¡No te haces respetar...!

Y riñó a algunos niños que me habían dado un mamporro más fuerte de lo normal. Quizá, no recuerdo bien, me dieron alguna brutal patada contra la cara mientras caminaba a cuatro patas por el suelo, ¡con saña...!

Le conté a la educadora mi teoría sobre los niños y lo que intentaba ver a través de lo que ella calificaba de comportamiento extraño para un psicólogo.

Le dije que estaba investigando lo que sentiría si yo lograba ser como uno de ellos. Le dije que por ese motivo estaba yo siempre agachado, tirado por el suelo, jugando, corriendo, saltando, gritando...

Deseaba percibir su mundo desde la altura en que la ve un niño. Supe que regresar al pasado cuesta mucho y es una tarea nada fácil. Mejor dicho, es una tarea muy difícil.

No sé que vería en mí aquel grupo de niños: ¿Quizá un papá grande y tonto tirado por el suelo tratando de imitarles?

Le dije a la educadora:

—¡Yo los veo como verdaderos ángeles!

Y les miraba embobado, y encariñado, y lleno de un no sé qué... Pero la educadora cortó de cuajo mi idílica reflexión y expresó con crudeza su pensamiento:

—No creas, tienen también muy mala leche...

Yo había comprobado que no existía una educadora más entregada y más sensible hacia los niños que ella. Creo que trató de asentar mi seso sobre la realidad, y perturbó así mi reposo intelectual.

Observé desde ese momento con más atención a los niños para localizar en ellos su parte más humana, la parte no angelical; en aquel momento sólo veía que iban de arriba abajo por el patio mientras la educadora los vigilaba muy de cerca.

Uno de ellos asentó una torta en la cara fina y delicada de otra niña. Ésta cerró sus ojos de repente y se puso a llorar desconsolada y a voz en grito.

—¿Ves? —me dijo la educadora señalando al niño que había zurrado aquella inmensa torta—. En los niños hay que tratar de encauzar muchos impulsos básicos. El niño pequeño es egocéntrico por naturaleza y tiende a acaparar todo el afecto y la atención del entorno, como sea, y eso hay que educarlo.

Había escrito yo, en cierta ocasión, algo a los padres donde les aconsejaba vivamente hacer ese ejercicio de regresión a la infancia, recordándoles unas palabras del pedagogo que antes mencionábamos, Freire.

* * *

Yo soy un niño. No sé si mi papá y mi mamá hacen cosas como las que se contaban antes en este libro al respecto del regreso a la infancia, pero lo que está muy claro, por mucho que lo intentes, es que no volverás atrás de cualquier forma.

Los niños cuando vemos en el adulto un modelo inadecuado lo expresamos a nuestra manera. En eso somos directos, ¡no te engañamos! A veces, los adultos sufren las consecuencias. Los papás se enfadan por cómo son sus hijos, por cómo se comportan...

* * *

Me habían contado a mí como psicólogo otros papás y otras mamás, cómo ellos hacían todo lo que sus hijos les pedían. En verdad, después de escucharles te dabas cuenta de que se ponían en función de sus hijos. ¡Y eso no es!

Era consciente de que muchos papás y muchas mamás se entregan de modo equivocado a los hijos. Les daban todo y no ponían límites a la satisfacción de los deseos de sus hijos. ¡Y eso tampoco es!

No sé si esto me viene a la mente porque había leído en algún sitio unas declaraciones del psiquiatra Carlos Castilla del Pino, a quien yo conocía desde mi juventud por haber traído a España a dar unas conferencias al antipsiquiatra Laing.

Escuché a Laing en el Aula Magna de la Facultad de Derecho de Madrid. Nunca se me olvidará que mucha gente allí hacía aviones de papel y los tiraba por el aire. No sé si por espíritu «progre», que por entonces se llevaba mucho, y hacía que los oyentes se comportasen a veces como auténticos energúmenos, con conductas raras.

Carlos Castilla del Pino tuvo que pedir por favor orden para el ponente. Yo creo que muchas veces se confunde el tocino con la velocidad. Laing era un estudioso de la psicopatología de los humanos y la gente allí tendía a hacerlo evidente. Lo mismo sucede con eso que venimos contando al respecto de hacerse como un niño.

Siempre que tengo información de este estupendo psiquiatra —Carlos Castilla— recuerdo esa escena de juventud. Sus últimas ideas, al parecer, giran alrededor de una teoría sobre los sentimientos del ser humano. Cuentan que dice:

«El hombre es una auténtica máquina de desear.»

Y donde escriben que dijo esto, en un curso en Santander, explican más de su teoría, textualmente:

«A partir de esta afirmación el aparato emocional del hombre precisa desarrollar tres funciones: vincularse con el objeto de deseo, hacer visible ese sentimiento íntimo —hacerlo público—, y organizar subjetivamente la realidad. Si una de estas funciones no se cumple es un sentimiento anormal. Por ejemplo: "Imagínense que yo me enamoro de Michelle Pfeiffer. Como no lo puedo realizar es un sentimiento anormal que sólo sirve para distraerme de lo que tengo que hacer." Tampoco es normal —dice—, engancharse a

16

amores imposibles.» Es decir, que el romanticismo lo deja reducido al ámbito de la literatura: «En la vida real todo sentimiento desea su satisfacción, porque es un deseo. Y mientras no sea satisfecho es una inquietud, se queda ahí como un fantasma», indica el psiquiatra, que admite que se puede morir por amor: «Claro, cuando el objeto de deseo no se vincula, no se cumple la primera de las funciones. Muchos de los suicidios tienen un sentimiento de odio, porque intentan culpabilizar al otro.» Acerca de los sentimientos contradictorios, amor y odio hacia una persona —según el psiquiatra, autor de una treintena de obras—, se forjan desde niño. El crío debe aprender que un objeto (que puede ser la madre) tiene facetas muy distintas, que en un momento dado le gratificarán y en otros no. Y esa ambivalencia le perseguirá en sus relaciones sentimentales de adulto. «El paso del amor al odio sobre un mismo objeto es una realidad. Nadie ama absolutamente al objeto amado, porque nunca será el más guapo, el más listo, el más simpático. Uno lo que hace es tirar por la calle del medio.» (M. J. Díaz de Tuesta.)

Y es que mamá y papá son los objetos amorosos del hijo. Son la primera referencia que ven sobre el mundo. Y ningún ser es más buscador de satisfacciones de deseo que un niño. Todos llevamos dentro de nosotros un niño. Una máquina de desear.

* * *

Quien hace que mis deseos de niño se cumplan eres tú papá y tú mamá. Si te haces como yo eres perfecto, eres el mejor aliado para satisfacer todas las fuentes de mis deseos.

Papá y mamá se sienten culpables por las horas que pasan fuera de casa sin mí. Se sienten acobardados cuando me miran porque hoy ni siquiera pudieron decirme hola. Así que me dan todo. Cumplen a rajatabla mis deseos de cuanto pido, como si fueran dos genios de Aladino.

También me doy cuenta de que temen hacerme daño como si fuera yo alguien frágil como el cristal. A veces pienso que no me conocen y que han olvidado parte de sí mismos, de su pasado, de su historia personal más antigua y básica.

Papá y mamá muchas veces confunden las cosas, y no saben realmente lo que nosotros los niños queremos. Aunque eso sí, ¡con mucho amor!

Me doy cuenta de que a mí me gustaría que papá y mamá no fueran como yo, sino como ellos son de verdad, pero más inocentes, que sean adultos pero de verdad, como nosotros los niños somos. No se trata sólo de que se tiren al suelo y de que satisfagan cualquier cosa que pido.

Necesito que me enseñen desde su adultez, que si algo está mal que me lo digan, y sepan que no me va a pasar nada si un día me regañan por algo o me dicen:

—¡No!

Quiero que mi papá y mi mamá estén cerca de mí. Muy cerca. Pero con su amor y no con sus cosas. A veces me doy cuenta de que todo lo pido y lo deseo. Soy muy egocéntrico. Pero yo, en el fondo, no quiero que me lo den todo, sino que me enseñen a compartir lo que ya poseo. Que me enseñen a ser alguien que disfruta también dando y no sólo recibiendo.

Quizás a éstos se refería la educadora de la que antes hablaba este libro cuando decía que los niños además de ser medio ángeles tienen también muy mala leche, y eso, papá y mamá, es algo que se educa día a día. No veas en mí un ángel que no soy, ni un adulto en potencia. Somos lo que somos: ¡niños llenos de deseos!

Quiero que me enseñes a diferenciar lo que es mío de lo que es tuyo, para respetarlo, y dime cómo debo compartir con el otro lo que a mí más me gusta, mi juguete preferido, o a las personas que yo más quiero. Y es que deseo compartir, hacer una vida mejor para mí y para los otros. Y eso es una actitud básica que yo debo mamar en mi infancia, que, seguro, me prevendrá contra la intolerancia, contra la violencia...

Quiero que seas como yo pero siendo tú mismo, dándome tu experiencia, respetándome. No quiero ver en ti a un igual, ni a un amigo, sino a papá y a mamá, que es como decir lo mejor que existe sobre la tierra.

Habías entendido que hacerse como un niño, tal y como Freire predicaba, era una cosa bastante compleja; por eso entrar en el reino mágico de la pedagogía era algo tan difícil. En parte no era renunciar a tu adultez, sino recuperar el Niño que todos y cada uno de vosotros los adultos lleváis dentro de sí, en el fondo del corazón.

—¡Un Niño o una máquina de desear...!

* * *

Así que me aposté en el patio de aquella guardería y volví a ser niño, pero con mis propios, ojos sin renunciar a mí mismo. Aquel grupo de chicos alborotadores, agitadores y pegapalos lo entendieron muy bien. Ya no los veía como ángeles, sino como niños. Y acepté su mala leche y me impuse la tarea de aconsejarlos: ¿no es eso educar...?

Cuando aquel niño me dijo medio llorando: «Papá», en el fondo él sabía que yo no era su papá. Pero, ¿qué experiencia tenía él de un adulto sino la de su papá...?

Lo que sucede es que el niño suele usar las diversas realidades que le circundan según aspectos e intenciones subjetivas muy variadas. Lo cierto es que estas cosas nos avisan de que un niño generaliza la experiencia que tiene de una persona hacia otra.

También a veces lo usan como expresión compensatoria. Es decir, cuando el niño por cualquier circunstancia tiene una carencia afectiva trata de compensarla de esa manera.

El mundo y la gente que rodean al niño son papás o mamás que satisfacen o le frustran. La experiencia que el niño tiene de su papá o de su mamá le marcará con una huella indeleble que queda para toda la vida.

Si el niño pierde de alguna manera real o psicológica a su «papá» o a su «mamá», de alguna forma tratará de compensarse elaborando o sustituyéndolo por otro.

Este fenómeno se ve continuamente en la vida cotidiana, y para saber que es así vamos a analizar algunas circunstancias.

Me he encontrado multitud veces con fenómenos psicológicos muy curiosos cuando el niño pierde a su papá o a su mamá. Unas veces por el dramatismo de la muerte real y otras porque se pierde la presencia diaria y cotidiana, principalmente por separaciones, divorcios, etc.

Los niños tienden siempre a establecer un periodo de elaboración psicológica de la circunstancias que en muchos casos se transforma en una sustitución de la figura perdida por otra presente en su entorno habitual. Esas figuras suelen ser abuelas o abuelos, nuevas parejas u otras personas que están rodeando al niño.

La superación de la pérdida de un «papá» o una «mamá», desde luego, siempre se produce en un proceso costoso; dependiendo del vínculo afectivo establecido con esas figuras la sustitución puede ser realmente una experiencia positiva o negativa. En casos de una relación normal el vínculo es positivo.

Todas estas cuestiones nos hablan de cuán esencial resulta la figura de «papá» y de «mamá» para todos los niños.

Al principio de la vida la dependencia del niño es total; poco a poco va desarrollándose una cierta autonomía. A lo largo de toda la niñez «papá» y «mamá» son figuras grandiosas, omnipotentes, heroicas, capaces y protectoras...

Realmente, para un niño esas figuras constituyen una grandiosa fábula que todo lo puede; por eso su pérdida, o sólo intuir el riesgo de su pérdida es realmente algo inconmensurable, gigantesco e inimaginable, y de un inagotable sufrimiento.

Se ha debatido mucho sobre si los niños tienen un vínculo afectivo mayor hacia «mamá» que hacia «papá». ¿Es eso cierto o constituye un mito? Pues depende. El niño se asocia afectivamente más con aquel que está más vinculado a sus necesidades, a su vida sensorial y perceptiva, al cariño y el amor que siente, al valor que le dan.

Qué podríamos decir cuando al niño se le pregunta:

—¿A quién quieres más, a papá o a mamá?

Parece que todos los indicios nos llevan a que la figura materna tiene un fuerte valor psicológico y afectivo hasta la edad aproximada de los tres años. Sin embargo, eso es muy relativo. Podríamos elucubrar mucho sobre ello.

Existen algunas circunstancias por las que el vínculo con la madre es frecuentemente más acentuado, si se da una relación de cariño y afecto de la madre por su hijo.

¿Cómo negar a una mamá que su hijo pequeño esté más vinculado a ella que al padre? Cuando no era nada más que un grupo de células indiferenciada, ¿quién era la que le sustentaba desde su vientre?: la madre.

Esto tiene un sentido enorme para explicar eso que llaman instinto materno y amor de hijo.

Durante la estancia del niño en el útero materno y a través del líquido amniótico antes de nacer escuchaba amplificado los sonidos del entorno que rodeaba a su madre. Pero he ahí que la voz de la madre siempre se filtra hacia el hijo, y se asocia esta circunstancia al estado de nirvana que el niño vive en esos momentos.

La madre está asociada a circunstancias muy especiales en la vida remota, ontogenética y primaria del origen de la vida personal. Aunque eso no significa absolutamente nada si al nacer no hay un amor que prospera a lo largo de los años. Los auténticos papás se hacen, no nacen...

* * *

Mamá es un ser que me ha brindado protección desde que yo era una simple célula. Luego me demostró su cariño mientras me cuidaba y atendía. Su amor estuvo siempre más sobre su sacrificio. Yo era para ella alguien importante, un ser significativo.

A veces, me pregunto cómo se sentirían los niños que aquel emperador medieval malvado separó de cualquier contacto humano y los encerró evitando que nadie les hablara, y sólo para ver cómo se expresarían, si en latín, griego o la lengua de sus padres... Y claro, murieron.

Los niños sin afecto morimos. Hemos muerto siempre a causa de esta carencia. Morimos en la actualidad donde nos rechazan o nos esclavizan. A veces es una muerte psicológica que nos conduce a la patología o a ser adultos despreciables.

Esos adultos son terribles seres depravados. ¿Qué podemos esperar de esas horribles situaciones? Los niños somos seres frágiles que hay que querer y amar sin límites. Sobre todo, hay que respetarlos.

Uno pudiera preguntarse si fuera un niño de éstos, ¿dónde están mi papá y mi mamá?; pero eso no existe, sino galeras oscuras, quizá prostitución, o trabajos duros y sin límites de tiempo. Mientras la humanidad tenga sometida a una buena parte de sus hijos a esta despreciable situación el hombre no tiene ningún futuro. La humanidad ha hipotecado cualquier salida...

El peluquero de mi papá es un hombre que ronda los cincuenta años, de complexión fuerte y pelo, cano que lleva muy corto, y en el centro una calva que le avanza imparable. Mientras le cortaba el pelo un buen día le comentó que él y su mujer no tenían hijos, y que habían intentado adoptar uno. Se quejaba de la mucha burocracia que existía para poder hacer una adopción. Y lamentaba que no se pudiera traer a un niño a un país como el nuestro y sacarle a veces de situaciones tan difíciles como las que hemos comentado, sin tener que hacer tanto papeleo. Ellos se hubieran lanzado si todo fuera más cómodo y más simple ¿Qué le iba a dar a cambio a ese hijo? Cuidado, amor, estudio, la herencia de un negocio...

Pero todo es un poco más de lo mismo. Los niños no nacemos en los países ricos porque tener hijos es caro, porque la vida es para vivirla sin grandes agobios. En los países pobres tener hijos puede ser una fuente extra de obtener dinero, la situación de los mismos es lamentable. Y ellos deberían poder quedarse en sus países con sus familias, pero, claro, el mundo tal y como está, es de locura, la guerra, la violencia, la pobreza...

Uno puede morir de afecto, de carencia, o puede enfermar psicológicamente. Estas son situaciones extremas, pero los niños podemos estar en tal situación y ser afectados de alguna manera.

Hay madres que hacen morir a sus hijos de afecto y de cariño. Pero eso es raro y pertenece al mundo de la patología y de la enfermedad. También es importante saber cómo dan los papás su amor y cómo afectan los celos, el cuidado que nos brindan. Cómo afectan los problemas de los papás y los problemas de los demás...

Nuestra sociedad es una sociedad de la separación y el desarraigo. De la búsqueda de la satisfacción. Nunca el ser humano ha tratado de satisfacerse tanto como ahora. No tenemos límite.

«La presencia de un ambiente social es imprescindible para el adecuado desarrollo de las diversas facetas de la personalidad. Davis nos relata el caso de una niña que había sido criada en un granero en un aislamiento casi absoluto; los padres se limitaban a darla de comer. Cuando fue descubierta tenía seis años, pero tenía una edad mental de un año. Posteriormente, por más que se hizo, sólo adquirió una cierta comprensión y no llegó a hablar nunca.

Sumamente interesante es el caso de los niños-lobo, que, privados totalmente del medio social humano, se crían con los lobos. El caso que mejor conocemos es el de Kamala, descrito por Singh. Cuando Kamala pasó a la civilización tenía, aproximadamente, siete años. Andaba como los lobos, a cuatro patas; su visión estaba adaptada a la nocturnidad, hacía ruidos análogos a los de los lobos y comía sus mismas comidas sin emplear las manos. En once años de «humanización» alcanzó difícilmente la bipedestación, sólo aprendió 40 palabras y alcanzó un desarrollo mental que se podía estimar en cuatro años de edad mental. A pesar de todo, en cualquier situación de peligro reaccionó siempre en forma de lobo y no se logró que dejase de comer pájaros muertos. Su muerte prematura interrumpió esta interesante experiencia.

El caso opuesto nos lo relata Pieron. Una niña de una tribu guajaquil, una de las más subdesarrolladas de América, fue abandonada por sus padres y recogida por un etnógrafo, que la encomendó a su madre. Cuando la chica cumplió los veinte años concluía sus estudios universitarios y sabía tres idiomas. No se diferenciaba en nada de las compañeras de su edad desde el punto de vista psicológico; sus rasgos físicos delataban, por el contrario, su procedencia. El etnógrafo que la recogió terminó casándose con ella.

Sería un error pensar que los niños-lobo eran subnormales, mientras la niña de que nos habla Pieron era una superdotada. Sólo un ser inteligente como el hombre es capaz de «lobizarse», dando con ello muestras de su extraordinaria plasticidad psíquica. El hombre nace inmaduro y está presto a incorporar todas las temáticas sociales o no sociales que se encuentran en el medio ambiente. El animal no llega nunca a humanizarse. Quizá uno de los errores de muchos psicólogos es plantear a los animales situaciones típicamente humanas, en las que no tienen ninguna posibilidad de expresión. Así no se logra nunca un mejor conocimiento ni del animal ni del hombre.

A veces ocurre que el niño está inmerso en un ambiente social adecuado, pero no puede tomar perfectamente contacto con él. Puede ser el caso de los deficientes sensoriales o el de los niños que viven muchos conflictos con el medio, que les impiden una adecuada sintonía con él.

Los niños sordos de nacimiento empiezan a balbucear a la misma edad de los niños normales, pero, como no reciben señales acústicas, su lenguaje está imposibilitado y el balbuceo termina regresando hasta caer en el mutismo. Al no desarrollar el lenguaje se ven obligados a expresarse por gestos simbólicos, con lo que no pueden desarrollar la inteligencia abstracta propia de la forma de expresión con signos. Estos niños deben ser educados de forma que puedan expresarse con signos. Si aprenden este lenguaje excesivamente tarde, no logran ya un perfecto desarrollo intelectual.

Según nos informa Thompson, los niños ciegos de nacimiento tienen, en un principio, una mímica igual al niño normal, pero a partir de los dos años entran en regresión para quedar una facies inexpresiva.

Tanto los niños sordos como los ciegos nos muestran cómo en el proceso madurativo hay momentos óptimos para la realización del aprendizaje. Estos momentos son como sondas que se lanzan al medio ambiente. Si el aprendizaje no se produce, hay una regresión y una consecuente incapacidad de desarrollar el aprendizaje en cuestión.

Pero hay niños que, sin tener afecciones sensoriales, tienen también dificultades de contacto con el medio. Son los niños no queridos por la madre. Spitz ha demostrado cómo estas madres que no quieren a sus hijos continuamente los frustran, imposibilitándoles un adecuado desarrollo de la inteligencia y de la afectividad que llega a hacerse irreversible. Muchos de estos niños son en el futuro neuróticos y psicóticos. Manifestaciones análogas de privación afectiva presentan los niños que han sido criados en casas-cuna, aun siendo técnicamente perfectas. El niño necesita del contacto con la madre, como intermediaria social, si quiere desarrollarse perfectamente.»

CARMELO MONEDERO

27

Espíritu de la NAVIDAD

CAPÍTULO II

PAPÁ Y MAMÁ: ¿ENTIENDEN MI IMAGINERÍA?

Un papá reflexionaba:

«¿Cómo les afecta a ellos? Nuestros hijos se nos parecen.»

Yo soy como tú eres papá y mamá. Nuestro mundo será tal y como tú me lo has reflejado.

Basta con mirar cómo nosotros repetimos las conductas de los papás, su manera de hablar, su forma de ser...

Me apetece imitar a papá y a mamá. Cojo su pintalabios, y muevo las manos como teniendo un volante para conducir el coche como hacen papá y mamá.

A esto, los mayores lo llamáis jugar simbólicamente. Para mí que soy un niño ese simbolismo es como una realidad tan verdad como el aire que respiro.

Me ha gustado esta mañana meterme en una caja de cartón y estar allí quieto y acurrucado más de media hora. Era mi cuarto. La habitación de una casa mía, inventada por mí. Es verdad que casi no podía removerme, pero, gracias a eso que los adultos llamáis simbolismo he logrados sentir como si estuviera en una maravillosa mansión, en un palacio principesco. Como en los cuentos.

Mi papá no ha entendido esto y ha visto en la caja de cartón una basura y me ha exigido que la tire. También mamá me ha exigido que la retire, pues estaba al lado del coso donde echan la basura. Y es que a los niños nos gusta jugar y transformar la realidad en cosas maravillosas. En este sentido, somos magos, o geniecillos; nuestra varita mágica es la imaginación de nuestra mente.

El otro día éramos varios niños y niñas; unos hicieron de papá y mamá, otros de hijos pequeños y mayores, otros disfrutaron siendo médicos y enfermeras. Unos se iban a trabajar, otros se quedaban en casa malitos y otros venían a curar a los enfermos.

Fue maravilloso. A todos nos gustaba aquello. Hicimos una casa con habitaciones. Y fue una gozada comprar el periódico como lo hace papá y echarle la regañina al niño mayor como mi papá hace conmigo, y disfruté castigando a mi hermano más pequeño. Fui muy severo con él. Comprábamos en el hipermercado de la esquina la comida que luego simulábamos comer con cucharas imaginarias y en platos invisibles. Pero, eso sí, con más realidad que el aire que respiramos.

Y es que jugar es maravilloso para nosotros los niños. Bueno, mi hermano, que es un año más pequeño que yo, agarró sin cortarse nada una tijeras bien afiladas y jugó con un amigo nuestro a ser peluquero.

Le hizo grandes trasquilones en su cabeza; yo al ver la escabechina me asusté un poco. Traté de arreglar aquello cortándole el pelo un poco más. Pero nada, por la tarde cuando llegó mi padre se armó un jaleo de mucho cuidado.

Hubo bronca descomunal que terminó en un castigo severísimo, para mi hermano y para mí. Como yo era el mayor, papá solía tender a responsabilizarme de todas las cosas y mamá me protegía disculpando todo cuanto hacía.

Lo malo era que esta forma de actuar solía ser la manera en que papá y mamá se comportaban a diario. Cada uno tenía una opinión. A mí me hacían un lío, uno decía una cosa y el otro todo lo contrario. Yo nunca había entendido cómo podían haberse casado si discutían tanto. Era evidente hasta para un niño como yo.

Yo, que no carecía de inteligencia, solía apoyarme en la defensa de mamá y muchas veces de esa manera hacía lo que me parecía; en ocasiones reconozco que hacía cosas malas.

Estaba muy claro que yo no era el culpable de que ellos se llevasen tan mal. Fue demasiado cuando los padres del niño al que le habíamos cortado el pelo se presentó en casa bastante enfadado. Aun en esa situación mamá me defendió frente a la ferocidad de papá.

Al día siguiente jugamos con aquella escena; simulamos una discusión entre papá y mamá que terminó en un divorcio. Porque hoy día las cosas son así. A veces pienso que si mis padres se divorciasen no sé que sería de mí. A eso sí que tengo miedo. Pero, bueno, puesto a imaginar, creo que también eso se superaría.

Los niños recibimos una ingente cantidad de impacto del medio ambiente. Ellos, la familia, son lo que nos rodea. La familia tiene una enorme responsabilidad con la infancia. El éxito o el fracaso depende de ello.

Yo reflejo lo que vivo en la vida real, en el juego; es la única manera que tengo de hacer terapia.

Mi papá se desahoga hablando con los amigos en la cafetería de la esquina, y mi mamá con su amiga más querida de la infancia. Después de eso, suelen venir más relajados.

Yo también me relajo, y logro disipar muchas de mis tensiones jugando. Así que si mi papá y mi mamá observasen cómo juego se darían cuenta de que esa es una estupenda terapia para mí, y lo más importante de todo es que probablemente incluso me llegarían a conocer mejor.

Si ellos supieran que los psicólogos emplean esto como un test que denominan proyectivo, estarían todo el día empleándola, pues sé de buena mano que no hay nada en el mundo que les interese más que saber realmente cómo somos, y mucho más les interesa saber qué depara el futuro a los hijos.

—¿Será violento o no será pacífico? ¿Tendrá una buena profesión de futuro? ¿Será una persona preparada...?

Todo lo que se relaciona conmigo les apasiona de una forma muy viva. El juego para mí realmente representa una escapada hacia el mundo de las posibilidades.

Mi psicólogo, mejor dicho el psicólogo al que me llevaron mis padres, dice que la palabra «proyectivo» significa la acción por lo que aquello que tenemos en el interior de nosotros (sentimientos, emociones, pensamientos, ideas...) logramos llevarlo fuera de nuestro interior a través de proyectarlo sobre todo lo que hacemos, decimos, etc.

El caso es que en el juego yo pongo todo lo que de mí hay en forma de pensamientos, sentimientos, vivencias, emociones...

¿Y qué emociones vivo yo, pobre de mí, que no sean aquellas que vivo en mi familia? ¿Qué puedo proyectar en el juego sino cómo vivo yo el mundo que me rodea?.

Mi profesora, mi compañero, mi papá, mi mamá mi hermano... Todo lo que ellos representan está en mis juegos. ¡Si eso lo supieran mi papá y mi mamá haría de mis juegos un laboratorio de exploración!

Mi psicólogo dice que cuando juego estoy expresando mis propios conflictos y a la vez también pongo en juego la manera que tengo yo de solucionar las cosas. Y el mejor modo que tengo yo de solucionar en mis juegos mis problemas es haciendo las cosas tal y como las hacen mis papás. Si estoy enfadado juego a gritar, si mi hijo imaginario me cabrea en exceso le riño... Y así con todo lo demás.

En el juego, es verdad que trato de representar todo lo que para mí tiene gran importancia en esta vida. O al menos lo que es importante para mi familia.

Juego a ser padre y trabajo, soy el esposo y me relaciono con mi esposa: me acuesto con ella, le doy dinero, discutimos sobre los hijos. ¡Ay, que sería de mi vida si no pudiera jugar...!

Creo que papá y mamá saben estas cosas y se ríen cuando ven que les imito, les hace gracia y lo comentan con sus amigos como si fuera realmente la mejor comedia del mundo. Aunque mi psicólogo dice que realmente lo que estoy haciendo es representar mis conflictos e intentar solucionarlos como sea.

Mi psicólogo me ayuda a jugar y me anima a que le cuente mis juegos, incluso a veces me ha propuesto jugar a lo que a mí más me guste. Mi psicólogo me gusta por eso, porque permite que juegue.

El otro día vi una película muy violenta que me impactó mucho. El bueno daba mamporros por doquier y todo el mundo le quería, y le respetaban, y tenía a la chica más guapa...

Y era poderoso y tenía mucho dinero, y podía ir con un coche precioso a los mejores sitios.

«Me gustaría ser como él», me dije.

Si dar mamporros da para tanto eso es el paraíso. Yo sueño con ser poderoso, ser muy importante, respetado y querido.

Muchas veces a la hora de la siesta, ahora que es verano, me entretengo en pensar que soy alguien mayor, como el bueno de la película, e imagino hacer las cosas que él hace. También en el colegio nos reunimos un grupo de compañeros y nos repartimos los papeles.

Ellos habían visto la película en la televisión y les encantó la idea.

Yo, como tengo mucha iniciativa, hice de protagonista y maté en el juego a todos los malos con mi pipa (llamo así a mi pistola de cañón largo y balas de nueve milímetros parabellum, o algo así he oído yo a mi padre comentar sobre no se qué historias de terrorismo que él había leído en un periódico).

34

La verdad es que a mis padres no les gusta que juegue a esas cosas, piensan que me va hacer daño y temen que pudiera hacer algo violento. Pero bueno, ¿en qué mundo viven papá y mamá?

Mi psicólogo había escrito algo sobre la televisión y la violencia, y mis padres lo habían leído. Así que evitaban que viera mucha televisión violenta. En algún capítulo mi psicólogo decía:

«Es verdad que el ser humano es alguien que se mueve en la ambivalencia del amor y el odio, pero en la realidad cotidiana de la vida, en la vulgar existencia de lo diario no nos encontramos asesinos, cacos, policías agresivos, persecuciones, coches incendiados... No niego que eso exista, pero está localizado en una realidad muy concreta, quizá muy diferente, de esa otra realidad que vivimos día a día...

La violencia existe en la sociedad y la televisión la refleja. La violencia que refleja la televisión no deja de ser un reflejo exagerado por la morbosidad y ensimismamiento que esto produce en los personas: Atrapa la atención.

La bondad del hombre, los valores del hombre también existen y debieran proliferar en la televisión, tanto como el reflejo que se hace de la agresividad.

Lo que hay detrás de la televisión: unos valores, unas ideologías. La televisión potencia con un eco imponente y monstruoso cualquier tema que trate; por eso lo que es particular, minúsculo, a través del televisor logra hacerse general, grandioso, popular; y esa capacidad le da a la televisión un poder realmente deslumbrante. Por todo ello, es necesario que aprendamos a leer las imágenes que nos emiten, que las sometamos a la crítica y el análisis de nuestra razón. El mundo es mucho más amplio y complejo que cualquier programa televisivo.

Esto quiere decir que detrás de lo que nos emiten hay personas que pueden manejar de una u otra manera la información que nos transmiten; y precisamente por ese motivo, debemos los telespectadores analizar aquello que nos llega a través de las imágenes y el sonido en nuestra televisión.

Por supuesto, lo que hay detrás de las cadenas de televisión son muchos intereses económicos relacionados con las cadenas; captar la atención del televidente se torna el imperio de la necesidad, y eso condiciona los programas y la programación.

Lo que hay detrás de la televisión: Es un amplificador que llega a todas partes potenciando el eco de sus contenidos. Debido a su influjo y poder popular hay que controlar el contenido que nos ofrecen.

Objetivo: captar la atención. Este poder de captación de la atención humana podemos apreciarlo, en su día, con el asesinato de Miguel Angel Blanco; el despliegue informativo que se hizo con aquel caso, principalmente por parte de las televisiones, llegó a hacerse tan íntimo, fue tan privada e individual la experiencia traumática de esta terrible historia, que provocó, con justa razón, aquella respuesta de solidaridad masiva.

Igual que la televisión produce un efecto catalizador en la conciencia de los seres humanos, en este caso de tipo positivo, esa misma televisión en la cotidianidad de sus programaciones, está afectando nuestras conciencias con todo lo que emiten; y eso hay que valorarlo transformándonos en espectadores críticos y analistas de lo que nos ofrecen. Si no estamos formados frente al televisor en ese sentido, éste se introducirá en nuestro interior de modo tal que podemos confundir la realidad con lo que emiten.

Puede asustar, pensar que tal potencia de captación está siendo usado por intereses partidistas. Hay que centrar la atención como sea en nuestra programación, esa es la divisa de las cadenas. Si lo que atrae es la violencia, la televisión se llena de violencia; si lo es de morbosidad aparece este aspecto de una manera intensa. Las televisiones son empresas y tienen que ganarse su vida millonaria a costa de nuestra atención; nuestra obligación es no consumir un producto de baja calidad, y para eso hay que prepararse.

La catedrática de Ética Victoria Camps, en una jornada audiovisual, dijo, según un artículo periodístico, que... «los contenidos tienen mucho que ver con la forma de financiación de las cadenas, ya que si compiten al mismo nivel es porque públicas y privadas se financian con la publicidad».

La lucha por el control de contenidos: Existe un descontento muy generalizado por el asunto de la televisión, y su control está puesto en la palestra del debate. Los políticos intentan crear leyes de control que les resultan difíciles de definir. Los ciudadanos creen que tienen derecho a defenderse de la invasión de las imágenes. No es suficiente con decir: «Apague la televisión y no tendrá problemas.»

Todos tenemos derecho a ver la televisión. Las mismas emisoras cara al exterior son partidarias de la autorregulación en el sentido de que la televisión emita lo que la sociedad tolera. Sin embargo, «entre el dicho y el hecho hay mucho trecho».

En un artículo de *El País* se dice:

«"Los responsables de las televisiones públicas y privadas españolas defendieron ayer la autorregulación de los medios como el mejor mecanismo para garantizar la calidad de los programas y evitar, por tanto, la telebasura". Abogan también por la creación de un consejo de control audiovisual de carácter político consensuado por el Parlamento y con capacidad operativa. "Cuando el río suena agua lleva", dice el dicho popular; se teme que se pueda generar una institución de censura.

Al ciudadano responsable no le queda otro remedio que prepararse para ver la televisión y preparar a sus hijos en la familia y la escuela. El ciudadano es quien debe autorregularse en lo que ve. Mientras consumamos violencia, estemos atendiendo a la violencia que se emite por televisión, nos programarán violencia, pues ello es la base del ingreso del dinero, y ya sabemos que nadie mata a la gallina de los huevos de oro. La pelota está en la parte del espectador, de nosotros depende el tipo de programas que nos emitan. Claro que es sólo desde el proceso de la formación desde la que podremos subsanar este asunto, y mucho me temo que será posible sólo cuando las generaciones futuras estén formadas.

¿Por qué nos atrae la violencia?: La atracción hacia la violencia quizá es un viejo arcano que seduce a nuestro cerebro, porque somos primarios, biológicos y primitivos, más de lo que quizás podamos imaginarnos. La pena de toda esta historia es que nuestros antepasados debían luchar por la supervivencia, y la violencia pudo ser un plano no evitable; pero ahora que todo eso sobra, el ser humano se siente seducido, se siente a gusto siendo espectador de la violencia.

La violencia en las imágenes nos atrae, nos seduce. El viejo arcano planea sobre nuestras sensaciones y percepciones. La televisión lo sabe, y nos seduce con sus historias morbosas u horribles de crímenes, bofetadas y hechos lamentables. Mantiene la llama viva del pasado.

La violencia nos atrae: Está en la Naturaleza, mas el hombre puede contrarrestarla gracias a la cultura (segunda naturaleza); pero lo más trágico del hombre es que pese a ello su propia historia es un reguero de horror.

En el pasado la violencia estaba sujeta a la supervivencia, pero en el momento actual lo terrible es que se ha transformado en un espectáculo de consumo.

Promover la cultura de la violencia: Sin embargo, hay una diferencia; nosotros creemos, pese a todo, que somos civilizados. Podemos no ser violentos pero toleramos la violencia, la consumimos en lata, nos la da la televisión, por ejemplo; y esto es lamentable. La auténtica cultura civilizada como la que nos han dado muchas religiones, y personas como Ghandi, nos indican un camino de omisión de ese instinto, es un camino cultural superior.

De hecho en los colegios de muchas partes del mundo se está viendo que los jóvenes son agresivos y violentos hasta lo indecible.

Entre la escuela y la televisión hay una contradicción en este sentido: ¿violencia o paz? Los niños son muy vulnerables ante la televisión y creen a pie juntillas lo que ésta dice, mucho más que lo que pueda decir la escuela, y ellos están tan poco formados sobre la interpretación que deben hacer de los programas como lo está el adulto, sólo que el niño es más vulnerable, más propenso a la influencia, con la tendencia a creer que todo lo que sale en la televisión es «bueno» y aconsejable, o sea, que es creíble, real...Si grandes hombres han promovido con su ejemplo una cultura de la Paz, la televisión está promoviendo a diario la cultura de la Violencia.

Promover la violencia: Aunque sea una simple transmisión de lo que nuestra sociedad es a través de televisión, resulta una pérdida de valor humano de incalculable valor. La televisión tiene mucha credibilidad para los jóvenes y los niños: ¿De qué vale educar en casa y la escuela para la Paz?

La falta de capacidad crítica en los niños: ¿Cómo se le puede pedir a un niño que ve tanta violencia que luego sea un ciudadano pacífico y no agresivo?

La violencia, la falta de valores, es algo normal para el niño; puede aprenderlo en ese reflejo de la realidad que es la televisión. Es necesario que comencemos una formación realmente coherente en la escuela y la familia sobre lo que representa la televisión.

La televisión es poderosa porque es capaz de captar la atención, de subyugarla; debería haber un planteamiento moral de invertir los valores que se propagan, o corremos el riesgo de hacer un mundo que tolera la inmoralidad.

La falta de crítica en los niños: Es difícil pedir a un niño que ve tanta violencia que no pueda llegar a ser violento, o tolerarla.

Televisión antieducativa: Digo esto porque la televisión antieducativa y antipedagógica está actuando sobre ellos, y de la misma manera que lo armonioso actúa educando a probos ciudadanos, lo chabacano conduce al desorden. He oído decir que la televisión no es la escuela; cierto, pero cuando se trata de dirigirse a los niños, como lo hace la televisión para venderles productos, o entretenerlos con dibujos animados, películas y programas infantiles, están influyendo sobre su educación, sobre sus actitudes e inteligencia; en suma, actúan modificando la personalidad.

Tampoco la familia es una escuela; sin embargo, los especialistas saben que es el centro catalizador de la educación más primigenio y básico que recibe el ser humano. ¡No divagamos!: la televisión influye, moldea las actitudes y las conductas, e incluso afecta de un modo directo al cerebro (casos de epilepsia) y puede que a la hiperactividad de los niños.

No estamos en contra de la televisión, somos poco amigos de la televisión antieducativa y antipedagógica, como pudiéramos estarlo con un libro soez o un juguete que hiriera la sensibilidad humana, como hemos visto en los medios de comunicación, que se ponen en circulación, hasta que las autoridades intervienen.

Tampoco desde aquí se defiende la eliminación de la violencia de un modo total, en el sentido de que efectivamente la agresividad y la violencia son parte de la sociedad y de la naturaleza humana. De lo que estamos en contra es de su explotación fácil y grosera, redundante, sin venir a cuento, como recurso permanente del argumento central de todas las cosas.

La violencia debe aparecer, pero en una expresión normalizada, creíble, moderada, justificada, natural; igual que deben estar presentes otras condiciones positivas y negativas de la personalidad humana. Porque la violencia atraiga la atención psicológica del ser humano no podemos hacer de ella la piedra angular de todo lo que emitimos y damos al espectador. El dulce también está rico y sin embargo comer hasta hartarnos es muy peligroso para la salud.

Televisión antieducativa: Si la televisión es antieducativa no puede ser que influya de manera educativa cuando se consume. Hay que controlar lo que es antieducativo frente a lo educativo. La violencia debe estar en televisión en la misma medida que puede salir cualquier otro elemento de la condición humana.»

José Fco González,
Televisión y Juegos electrónicos.

CAPÍTULO III

PAPÁ Y MAMÁ: ¿COMPRENDEN MIS PESADILLAS?

Reconozco que me gusta jugar. Me han contado que cuando juego es como si soñara. En el sueño no puedo controlar todo cuanto acontece, pero en el juego sí. Aunque en realidad existen unas fuerzas interiores que me llevan a hacer determinadas cosas que yo no comprendo muy bien, pero que hago. En eso el sueño y el juego se parecen.

Dicen los seguidores de un tal Freud que en el juego y el sueño hay un contenido manifiesto. Vendría a ser a lo que juego en sí mismo, o con lo que sueño, y sería la parte superficial, lo aparente; pero además tanto en el sueño como en el juego existe otra cosa más profunda y más seria que se llama contenido latente. Es todo lo que hay detrás de un sueño o de un juego.

Yo sueño, y tengo épocas en que las pesadillas me aterrorizan. Mi papá y mi mamá se asustan también con mis pesadillas, piensan que estoy poseído de algo malo.

Sé que andan preguntado por ahí si es algo que sólo me está pasando a mí. La gente le dice que no, que eso es muy común. La gente sueña y a veces tiene pesadillas.

Mi mamá se acuesta conmigo para evitarme en lo posible tanto sufrimiento. Mi psicólogo dice que en los sueños están las cosas reprimidas de las personas; o sea, que son como válvulas de escape de algo que llaman el inconsciente.

Yo debo tener muchas cosas en ese inconsciente porque suelo soñar cosas muy malas. Me persigue todo tipo de gente terrible; principalmente sueño con bandidos que entran por la noche a mi casa y con unas pistolas me intimidan; eso cuando no me cortan a trocitos con un inmenso cuchillo de carnicero. Es lógico que me despierte y grite, y llame a mi mamá para que esté conmigo.

He descubierto una cosa muy buena para mí. Cuando mi madre se queda conmigo a dormir en mi cuarto, yo me siento como el rey del mundo. Mi padre lejos, en otro cuarto, y mi hermano también. Estoy sólo con mi adorada mamá.

A ella veo yo que le fastidia un poco, pero eso no importa. Así que he aprendido a fingir que tengo pesadillas terribles y a eso de la una o las dos de la madrugada empiezo a llorar y chillar para que todos vengan despavoridos.

Yo creo que han empezado a darse cuenta de que le echo un poco de morro al asunto, y que tengo algo de «cuentitis», pues mi padre ya no me hace tanto caso como antes y mi madre a veces piensa que soy un poco trolero. Así que estoy por empezar a aflojar un poco mi ficción.

Pero te puedo asegurar que muchas veces sueño cosas terribles. ¡Es verdad! ¡Créeme! Si alguna vez he mentido es porque deseo tener a mis papás, que son la gente que más quiero en este mundo, pendiente de mí. ¿Pues qué puede desear un niño como yo más que estar siempre inmerso en el cariño de sus papás?

Dicen que si el adulto es una máquina de desear, el niño lo es por propia naturaleza. Todo lo que hacemos está inmerso bajo la ley del deseo. Los sueños y los juegos deben ser una forma mágica de desear y satisfacer todo cuanto te apetezca. Eso tiene sentido. Pero son fuerzas que no se pueden controlar porque mis pesadillas las vivo con mucha angustia.

Alguien entendido en este tema les dijo a mis papás que los niños tenemos más sueños de angustia que de verdadero placer. Mis papás preguntaron:

—¿Por qué los niños tienden a soñar cosas angustiosas?

El especialista en esos temas dijo que hay edades donde eso es más característico. Yo creo que los papás y las mamás deben saber cuándo a un niño le pueden venir esos sueños, para que no se asusten o para que tengan cuidado con ello.

—Los niños entre los cinco y los siete años tienen más sueños angustiosos que los de ocho, nueve o diez años —comentó el especialista a mis papás—. Las pesadillas son los terrores nocturnos.

¡Que me lo digan a mí! Te voy a contar algunos sueños míos, pero no se lo digas a nadie, pues ya sabes que en el fondo de ellos hay muchas cosas secretas y ocultas.

Hay grandes misterios e incógnitas. Si quieres, mientras te cuento algunos de mis secretos te dejo que los interpretes, como hace mi psicólogo cuando yo le hablo de estas cosas. Pero ten cuidado, porque lo que tú interpretes será simplemente eso, una interpretación, y pudiera no ser la realidad.

Mi papá y mi mamá dicen que cómo puedo tener tanta imaginación, y si ese exceso de imaginación no me producirá algún daño. Yo creo que no, porque en realidad me relaja.

Después de soñar esas cosas suelo tener un día más tranquilo y feliz. La verdad es que estaría bien que los adultos expulsasen todos sus malos humores a través de los sueños. Pero no, los adultos reprimen sus peores instintos hasta en el sueño, lo malo es cuando no lo hacen en el mundo real.

—¡Ay, soñar...!

Un día soñé que me fui con mis amigos y mis amigas, y los demás niños y niñas, y soñé que estaba de excursión, que fuimos a un campo lleno de flores y columpios, y había fuentes.

Estábamos con los profesores de mi colegio y jugábamos bajo el sol al escondite y al corro, y estábamos todos muy contentos.

Después fuimos al circo y vimos a los payasos y a los trapecistas, a los elefantes y los monos. Todos éramos felices...

Al día siguiente de soñar estas cosas me dijo mi mamá que me había visto en la cama con una sonrisa de oreja a oreja. Había ido a verme muy de madrugada, porque se extrañó que ese día no la llamara por motivo de mis terrores nocturnos.

La verdad es que llevaba varios días con la ilusión de una excursión que íbamos a realizar en el cole. ¡Para que veas que mi psicólogo lleva mucha razón! Antes de que eso sucediera se realizaron mis deseos. ¡Ya era hora, porque llevaba una semanita de sueños terribles!

Dicen mis padres que habían leído en un libro algo que hablaba y explicaba esas cosas de los sueños terribles así:

«Las agresiones y vivencias persecutorias que los niños viven en sus sueños nos ponen de manifiesto cuáles son sus temores más profundos. Es frecuente que sueñen que son perseguidos por animales y hombres feroces que tratan de matarlos o de devorarlos. Unos sueños responden más a problemáticas edípicas, pero son también muy frecuentes los sueños que están más ligados a problemáticas orales, como clásicos sueños del "lobo" infantiles.

En los contenidos manifiestos de los sueños infantiles se pueden presentar muchos de los elementos que constituyen la vida cotidiana del niño, como los cuentos que le relatan sus padres, los personajes de la televisión, etc. Más allá de estos contenidos manifiestos se perciben las problemáticas propias del desarrollo libidinoso infantil. Algunos sueños como los del lobo, del toro que persigue, de volar sin saber, del hombre malo, etc; contienen indudablemente elementos del inconsciente colectivo. También en el niño el sueño es un intento de satisfacción de deseos profundos, lo que ocurre es que los deseos profundos ponen en movimiento tal cantidad de energías que no pueden ser controladas por el yo. Entonces el yo se angustia y difícilmente consigue la realización del deseo insatisfecho. Freud decía que los sueños eran la vía regia para el conocimiento del inconsciente; también en el niño los sueños son una vía regia para el conocimiento de sus problemáticas inconscientes.

Resulta sorprendente la diversidad entre los estados emocionales que el niño vive en el sueño y los de su vida cotidiana. Es frecuente que el niño que tiene pesadillas, sueños angustiosos o incluso terrores nocturnos, se manifieste tranquilo durante su vida de vigilia; a veces ni siquiera se muestra miedoso. Esta diversidad de vivencias nocturnas y diurnas nos están indicando que el niño cuenta ya con una delimitación bastante definida entre sus pulsiones inconscientes y su vida consciente.

Además de con la vida afectiva, el simbolismo inconsciente, como señala Piaget, está relacionado con los esquemas intelectuales. Para los niños de entre cinco y seis años el sueño es algo que proviene del exterior y se queda en él. De los siete a los ocho piensa que los sueños provienen de nosotros mismos, pero que son exteriores a nosotros.»

Yo creo que esto que dice Carmelo Monedero es totalmente cierto, y si no lo crees analiza los sueños reales que yo he tenido, y que cuando se los contaba a mi madre le parecían historias tremendas:

Soñé un día que me despertaba y aparecía entre planetas donde había muchas naves que lanzaban largos hilos que te aprisionaban y te arrastraban hacia unos agujeros de colores. Podía montarme en una nave para huir pero no me decidía, aunque finalmente lo hice.

Dentro me encontré con unos seres extraterrestres que soltaban hilos verdes y que intentaban enganchar la nave. Entonces me desperté y grité a mi madre:

—¡Mamá! ¡Mamá! ¡Me quieren raptar!

Fue un sueño tan real como que estoy ahora escribiendo estas cosas. Incluso lo escribí en un cuaderno y lo titulé: «La muerte de Eloy».

Sucedió en mi sueño que dos ladrones rompieron la ventana de mi casa. Uno llevaba en la mano una terrible pistola y el otro un terrible cuchillo, largo y muy afilado. Me querían matar. El de la pistola era más feo que el monstruo de las galletas. Me dispararon desde la ventana y me llené de sangre... ¡Salí gritando de aquel horror!

A veces me pregunto por qué los niños soñamos estas cosas tan desagradables, un día tras otro. Dicen que los niños tendemos a animar las cosas. Es decir, que damos vida a los seres o cosas inanimados, y es verdad. Lo que proyectamos sobre esos objetos y seres inanimados son nuestros deseos o nuestros temores.

Un día soñé que tenía un conejo. Jugaba con él. Lo acariciaba. Era mi amigo. Lo quería y el conejo me quería a mí. Un día mi conejo se puso enfermo y lo llevé al doctor de animales. Y volvió a ponerse bueno y volvimos a jugar.

Un día durmió conmigo en la cama, y lo desperté, pero no quería despertarse; tanto insistí que al final se despertó y le di leche.

Por aquella época yo deseaba tener amigos y me gustaba que me quisieran. Tenía un conejo de verdad al que cuidaba.

Hay tantas cosas en los sueños que no comprendemos, tantas angustias y llamadas a los papás... Muchas veces han llegado y me han visto desencajado, me han visto llorando. Tantas cosas hay en los sueños...

Mi psicólogo ha escrito muchas cosas sobre ellos, de las que a continuación te transcribo algo, de un libro que se titula *Las fantasías de los niños*.

«Los sueños no son arbitrarios. No tienen lógica espacial ni temporal. Eso sí, resultan caóticos. Pero no están devinculados de nuestra realidad mental. Eso no. Se forman de nuestros pensamientos, de nuestros temores, de nuestros deseos, de nuestros problemas. Son parte de nuestra experiencia psíquica cotidiana, presente, o quizá nuestra experiencia pasada. Son nuestras inquietudes, nuestra realidad mental; pero, claro, en la versión de lado oculto.»

Para los niños esto mismo también es válido. Quizá sea más cristalino este proceso en ellos que en nosotros los adultos. Cuando un niño teme ante la cara de un payaso, porque un día la vio por la televisión, y luego su inconsciente se apoderó de este símbolo y lo llenó de fantasía, queda devuelto a la zona consciente transformado en otra cosa. Quizá cargado de los propios temores. Desde ese momento el niño ya no puede resistir la presencia de un payaso porque simboliza el temor oculto, o la angustia, o la ansiedad del algo que permanece en la zona oculta. De cualquier modo, más adelante tendremos ocasión de hablar de estas cosas.

Quede claro que la fantasía, o la capacidad de simbolizar de los seres humanos, está en un terreno intermedio entre la fábula de un mundo desconocido que forma parte de nuestra mente, y la zona en la que vivimos la realidad del día a día, la zona consciente.

Los niños expresan en su psicología el modo de funcionar de esos dos mundos que son dos versiones de la misma cosa: quizá uno sea la parte de la lógica y la otra la de la irracionalidad. Pero ambas son compatibles e inseparables de nuestra naturaleza humana, y sin cualquiera de ellas nuestra existencia como humanos no puede concebirse ni darse. Los adultos y los niños somos seres de una naturaleza psíquica escindida en dos: lo consciente y lo inconsciente. La fantasía no es posible entenderla sin que demos algún tipo de modelo de cómo funciona la mente.

En la fantasía, ese lado oculto es la bestia que está agazapada, que está de modo siniestro esperándonos. En *La historia interminable* está representado por un leopardo negro diabólico que pone en peligro el mundo de la fantasía. Representa la parte siniestra. Nos atrae y al mismo tiempo nos repele. Lo encontramos peligroso, pero nos dejamos seducir. A veces lo reprimimos, pero vuelve a surgir como en las pesadillas de esa película de «Freddy» en la cual este asesino malvado y terrible siempre logra reaparecer en el centro de las peores pesadillas. Sufrimos y lo odiamos, sentimos temor y horror, pero lo buscamos, lo curioseamos, lo tentamos y lo despertamos.

Esa es la versión del mundo inconsciente. Los niños viven en su mente de niño los mismos vaivenes y están igualmente condicionados por su fuerza. Su expresión y su evidencia están en la fantasía.

Los sueños son una producción de la mente, y no constituyen algo residual achacable a nuestro cerebro, en absoluto. Tienen su utilidad en términos de supervivencia, y mucho más... A través de ellos se puede conocer la zona oculta de nuestra mente, de la que hace tiempo venimos hablando como fuente básica originaria de la fantasía.

«Fuera ya de los planteamientos estrictamente psicoanalíticos —escribe José Luis Pinillos—, los estudios de Kleitman, por ejemplo, han puesto de manifiesto la relevancia que los sueños tienen en nuestra vida psíquica. Por de pronto, todos soñamos mucho más de lo que creemos; incluso las personas que no recuerdan haber soñado nada durante la noche, se pasan soñando de un 20 a un 25 por 100 del tiempo que permanecen dormidos. La mayoría de los sueños no se recuerdan, y ello plantea una enigmática cuestión a la psicología, pero se sueña todas las noches. Se comienza generalmente por soñar hechos muy recientes, o con escenas aparentemente absurdas que en el fondo están simbolizando estos hechos, para concluir a última hora de la noche con otras quizá referibles a la niñez o a fases ya lejanas de la vida pasada. En esos sueños aparecen "disfrazados" nuestros malos deseos, nuestros temores, y a veces incluso surge en ellos la evolución de problemas que no hemos conseguido resolver durante la vigilia.»

En la niñez el mecanismos de los sueños funciona de igual manera. Cuando el niño pasa períodos, o fases, en que los temores y la angustia psicológica se agudizan, los sueños incluso se transforman en pesadilla, simbolizando de manera fantástica toda la problemática existente en su mente.

Los padres suelen estar muy preocupados por estas cuestiones y consultan con frecuencia a los especialistas para que les expliquen qué les está sucediendo a sus hijos. En cierta ocasión, eran tan abundantes las visitas de los padres sobre este tema, que opté por preparar una hoja explicativa en la que escribí lo que sigue:

«Los miedos infantiles seguidos de crisis de angustia, motivados por situaciones fantásticas, están producidos por las pulsiones. El Yo (la parte consciente) del niño se defiende de la angustia que le producen sus tendencias inconscientes, y se origina el miedo frente a la fantasía percibida en su interior, a veces en forma de sueños. La angustia, que es de origen vital, se desencadena a causa de tensiones psicológicas debido al "drama de la vida".

Por ejemplo, tener celos de un hermano a quien se "odia", produce inversamente un sentimiento de culpabilidad. Esa emoción negativa que está en la mente del niño se puede transformar en un sueño que adquiera el calificativo de pesadilla persecutoria. Es la mente la que simboliza de esta manera el conflicto que el niño tiene con su hermano.

Cualquier tipo de situación psicológica el niño la puede transformar en símbolos a través del sueño. De esta manera la actividad onírica es como una válvula de escape, principalmente para ciertos conflictos reprimidos y relacionados con la problemática del inconsciente, de la que es portador el niño en el momento en que sueña.

Hay edades en las que los niños presentan pesadillas con más frecuencia y que coinciden con fases o etapas más truculentas referidas a las problemáticas inconscientes. Aunque esto es muy relativo, se ha comprobado una frecuencia mayor a la edad de cuatro años, y posteriormente entre los nueve y los diez años.

Los terrores nocturnos son sueños que cumplen la misión de realizar los deseos reprimidos de modo simbólico. La realización del propio deseo desencadena la angustia. Las crisis suceden durante la noche porque es el momento en que el control consciente es menor y el influjo del inconsciente se deja notar más. A través del sueño se simboliza la angustia con fantasías que producen terror. Las pesadillas realmente suelen ser terroríficas y los niños lo pasan muy mal. De ello dan buena cuenta los padres no avisados que llegan a asustarse del terror que experimentan sus hijos.

Los sueños son fantasías que simbolizan cómo nuestros deseos no cumplidos se realizan, incluso aquellos que son inconfesables y prohibidos. Todo es posible en los sueños. Pero también por ello se paga un precio. Cuando se satisface el deseo de lo prohibido, la angustia y los temores toman cuerpo en las fantasías.»

«Un sueño es la realización (encubierta) de un deseo reprimido —escribe Humberto Nágera al transcribir el pensamiento de Freud—. Hemos aceptado la idea de que el motivo por el cual los sueños siempre son una realización de deseos es que constituyen productos del sistema inconsciente, cuya actividad no conoce otra meta que la realización de deseos y que no cuenta con otras formas que los impulsos de deseos.»

Este autor nos recuerda que Freud destacó sobre los sueños que son:

— Un producto de la mente.
— No son un proceso simplemente corporal.
— Tienen sentido, o no carecen de él. No son absurdos.

— Son fenómenos psíquicos. Actos mentales inteligibles.

— Aunque el sueño nos parezca ajeno es algo muy nuestro. Muy de nuestro interior.

— El sueño es otra forma diferente de recordar, sujeto a otras leyes diferentes a la racionalidad.

— El sueño es una reacción mental frente a los estímulos del dormir.

— Los sueños son una forma de pensamiento diferente a la que surge del mundo de la lógica, y que pertenece a la actividad mental intrínseca del dormir.

— El sueño no es el inconsciente (la zona oculta), es la interpretación que la mente consciente hace del mundo inferior. En su caso, es la manera que tienen los impulsos del inconsciente de condicionar las cosas del mundo consciente y de la razón.

— Todo esto introduce planos de distorsión en la percepción inteligible de la secuencia de un sueño.

— El sueño es más una experiencia psíquica que un pensamiento.

— Los sueños nos permiten dormir, y permiten en cierta forma la no perturbación de nuestro descanso; por eso quizá solemos recordar poco los sueños, y éstos quedan de nuevo en el vacío de nuestras experiencias. Y cuando los recordamos, ellos se evaporan con rapidez, a no ser que tengan fuerte significación.

Los sueños infantiles son más claros y evidentes que los de los adultos por cuanto expresan más directamente la realización del deseo. También expresan con mayor evidencia la angustia a la que están asociados los conflictos internos; las pesadillas son consecuencia de ello.

Parece que todo indica que los niños generan muchos sueños de tipo angustioso. Se podrían incluso determinar ciertas fases del sueño amanazador, o de pesadillas, de terrores nocturnos de los cinco a siete años; a partir de los ocho años este carácter del sueño disminuye.

Esta fenomenología del sueño se pone en relación con la evolución psicológica del niño en cuanto al desarrollo de su personalidad afectiva.

A partir de los cinco años parece que de una manera muy acusada está empeñado en reprimir gran parte de sus conflictos afectivos (principalmente todos los relacionados con los miembros de su familia). Esta represión se hace a costa de ahogar en el inconsciente mucha energía psíquica; la respuesta de la mente a esta acción se expresa en la simbolización de los sueños y otras fantasías (dibujos, cuentos, verbalizaciones...), todos ellos frecuentemente de carácter violento y asociados a mucha angustia.

Esta es la explicación del porqué los dibujos de los niños suelen ser producciones de fuerte carga violenta, o los sueños elaborados a partir de muchas fantasías persecutorias (animales que persiguen y atacan, hombres malos que tratan de matar...); y también, cómo no, los cuentos preferidos se suelen desarrollar en climas muy violentos (lobos que comen y son muertos a su vez, cerditos que son atacados, brujas malas y peligrosas, príncipes encantados por seres diabólicos...).

Los sueños pueden coger el material para simbolizar la angustia interna de las fantasías que el niño vive durante su actividad diurna; ya hemos observado cómo Aldo parece que saca su argumento de una película para elaborar su sueño de la niña robot, o Pedro saca sus fantasías de extraterrestres de tanto influjo como se viene dando en el cine sobre este tema.

Así pues, cuando un niño tiene pesadillas, o terrores nocturnos, los padres deben ver en todo ello procesos absolutamente normales. Cada niño tiene su singularidad en cuanto a la expresión de estos fenómenos. Hay niños que son más propensos que otros hacia las pesadillas y los terrores. Pero todo ello, en cualquier caso, es algo que puede ocurrir dentro de lo normal.

Hay efectos colaterales que los padres deben cuidar al respecto de la angustia que esos terrores generan no ya directamente sobre el hijo, sino indirectamente sobre los padres. Los padres se asustan de cómo se ponen sus hijos y tratan de protegerlos.

CAPÍTULO IV

PAPÁ Y MAMÁ: ¿ENTIENDEN MI SEXUALIDAD?

Pero vamos a dejarnos de sueños, pasemos ahora a comentar otras preocupaciones muy frecuentes que tienen papá y a mamá sobre mi vida y mi realidad de niño.

La sexualidad son esas cosas que aunque parecen que está superadas no lo están. Yo como soy chico me he tocado muchas veces mi colita, e incluso he tenido curiosidad por lo que tienen las niñas.

Ellas no tienen colita, dicen algunos adultos, que ellas, las mujeres, tienen chirlitas. Aquí, en mi tierra, a la vagina de las chicas la llaman mollete.

—¡Cuántas palabras cursis existen alrededor del tema de la sexualidad y los órganos sexuales!

Mi papá y mi mamá en este sentido han sido siempre muy liberarles, han intentado por todos los medios educarme. De eso vamos a hablar ahora.

Tengo grandes inquietudes y grandes preguntas que hacer sobre el sexo. Mi papá y mi mamá al principio me daban la callada por respuesta, pero poco a poco se han ido dando cuenta de que este es un tema importante.

Sé que en el colegio le han explicado asuntos sobre cómo tratar conmigo estas cosas. No obstante noto que este es un asunto difícil, muy complicado de hablar.

Entre ellos se han puesto de acuerdo para decirme lo mismo cuando pregunto sobre el tema de la sexualidad. En esto creo que es en la única cosa que mis padres no discuten. Quizá sea porque mi papá suele dejar todo el peso de la cuestión en mamá.

No recuerdo con exactitud qué edad tenía cuando tomé conciencia a base de tocarme mis órganos sexuales y fui consciente de que los tenía.

Al principio, cuando mi mamá me bañaba, al refregarme con la esponja mis partes, sentía muchas y agradables sensaciones. Por eso, mi pene se ponía erecto. A mí eso me interesó. Así que con el tiempo todas estas cosas se hicieron bastante importantes.

Sobre mi pene y todo lo que se relaciona con él me llama poderosamente la atención, y siempre que surge algo sobre ello estoy muy pendiente.

Mi madre me explicaba que eso era algo natural, y solía prestarle poca atención a estos asuntos; yo sin embargo procuraba que todo aquello fuera algo muy importante. Solía soltar sonrisitas cuando algo acontecía alrededor de esas partes del cuerpo...

Fui desde bien pequeño a la guardería. Un lugar que yo he vivido de manera muy positiva por los muchos niños iguales que yo he encontrado allí. En parte, eso también me sirvió para alejarme un poco de mi hermano pequeño, a quien considero todavía una carga difícil de llevar, aunque al respecto de mi hermanito ya he logrado superar muchos de mis celos. Por

60

lo menos eso dicen que ha sucedido mi papá y mi mamá.

En la guardería fue donde vi por primera vez que las chicas no tenían pene como yo. Eso fue algo sorprendente para mí, y nunca he dejado de asombrarme hasta hoy día de ello.

Como éramos aún pequeños compartíamos el mismo «water». Al principio fue en los orinales; nos ponían para que hiciéramos pis en ellos y nos enseñaban a no orinarnos encima o en los pañales.

Allí fue donde comencé a fijarme en que las chicas no tenían pene. Me iba hasta el orinal y me agachaba hasta dar casi de narices en la vagina de mi compañera que estaba sentada en otro orinal. Luego levantaba mi mano y señalaba sus partes expresando de esa manera mi sorpresa.

—¡Qué tiempos! ¡Cuánta inocencia!

Así fue como supe, a ciencia cierta, que entre los chicos y la chicas existían muchas diferencias.

Mi profesora nos educaba en esto, y nos enseñaba cuáles eran las diferencias entre los chicos y las chicas. A eso supe más tarde que lo llamaban educación sexual.

Era muy importante que nos diéramos cuenta de lo diferentes que eran hombres y mujeres físicamente, y nos enseñaron también a no dar importancias a esas diferencias. Decían que hombres o mujeres éramos todos personas, y cosas así. Lo llamaban tolerancia.

Yo no sé si he sido tolerante o no, pero recuerdo una anécdota tan real como que estoy aquí.

Fue en la guardería, y sucedió cuando ya tenía por lo menos los cinco años de edad. Ya sabía lo importante que era ser chico. Ese orgullo creo que me viene de papá y él me lo ha contagiado a mí.

Reconozco que aquella historia tenía el tufillo de un cierto machismo naciente, pero no sólo me sucedió a mí, sino a todo el grupo. Nuestra querida señorita aquella mañana de escuela se inventó un juego donde había que hacer de pajaritos (bueno, de pajaritos y de pajaritas). Yo no sé por qué mi señorita me dijo a mí y otro compañero:

—¡Vosotros hacéis de pajaritas y os retiráis a ese rincón!

Me olió a cuerno quemado aquel asunto. Y sin pensarlo dos veces, mi compañero y yo dijimos lo mismo mientras nos cruzábamos de brazos y poníamos un gesto con la cara de enfado múltiple.

Dijimos:

—¡No! ¡Yo no hago de pajarita! ¡Yo soy un chico!

Y la profesora insistió.

—¡No pasa nada por ser pajaritas! ¡Es un juego...!

—¡No! ¡No! Nosotros somos chicos... —volvimos a decir.

Y la profesora, algo contrariada porque aquello iba contra sus principios educativos, se dirigió a otro dos chicos y les dijo:

—Bueno, haced de pajaritas vosotros dos.

A lo que los chicos respondieron de modo contundente.

—¡No! ¡No...!

Ante nuestra actitud la profesora tuvo que cambiar el juego. Luego supe que a eso lo llaman intolerancia. Pero puede ser que estas cosas los niños las aprendamos del medio ambiente.

Sé que hay padres que valoran mucho a las chicos frente a los chicas. Algunos me han contado que dicen:

—¡Lloras como una chica!

Y claro, uno tiene que ser muy tonto para no darse cuenta que quien dice cosas así es que desvaloriza a las chicas. Con esas cosas los chicos aprenden que ser chica tiene un valor inferior. Y en eso sí que los mayores cometen mucha tropelías. Se pueden localizar por el verbo, por lo que dicen...

Mi papá y mi mamá en esto sí que son tajantes. Mi padre dice que tanto los hombres como las mujeres somos personas. Somos diferentes en cuanto al cuerpo, e incluso en gustos y sensibilidades, pero todos merecemos el calificativo de seres humanos y personas. Y yo creo que eso sí es cierto.

Hoy si mi profesora me dijera que yo tengo que hacer de pajarita, no me importaría demasiado. Yo sé muy bien lo que soy y lo que me gusta.

Mi mamá leyó un artículo que escribió Chantal Cottard, una psicóloga, sobre estas cosas de las que te vengo comentando, de lo que te transcribo algo:

«Muy pronto, acaso antes de lo que pensamos, nuestro hijo nos sorprenderá con sus grandes preguntas en torno al sexo, la reproducción, la muerte y Dios. Nos conviene estar preparados, pues no podemos darle la callada por respuesta.

Si no hemos reflexionado previamente sobre estos temas, si papá y mamá no se han puesto de acuerdo acerca de algunas cosas, es probable que nos veamos en dificultades. A un niño no se le puede dar la callada por respuesta y para nada sirven los cuentos de hadas, ni aquello de la célebre cigüeña. Tengamos en cuenta, además, que en tan delicadas materias no sólo son importantes las palabras, sino también la carga emocional que las acompaña. No es fácil —por no decir imposible— darle a un niño gato por liebre. Con certero instinto, captará el trasfondo de nuestros sentimientos, que no dejarán de gravitar sobre su ánimo aunque pretendamos encubrirlos con esfuerzos y buena intención.

Por lo general, poco después de los tres años y medio la criatura suele descubrir sus órganos genitales, como resultado de sus exploraciones espontáneas.

Las niñas descubren sensaciones intensas, novedosas y placenteras, con epicentro en el clítoris y la vagina; los niños las descubren al tocarse el pene y experimentar las primeras erecciones.

El interés por la succión y por las funciones de evacuación se ve eclipsado por este singular descubrimiento, que viene a completar el panorama de las zonas erógenas. Y está bien que así sea. Es completamente normal.

Sin embargo, todavía muchos padres, pillados por sorpresa, se sobresaltan cuando descubren, por casualidad, que el hijo de cuatro años se está acariciando, bajo la sábana, los órganos genitales, ensimismado y muy a gusto.

Este fenómeno recibe el nombre técnico de "masturbación secundaria". El paso por esta etapa figura en el itinerario hacia la madurez del ser humano.

Muchos padres están convencidos de que su hijo no se masturba, porque, dicen, no le han visto hacerlo. Y lo más probable es que el niño lo haga en secreto, por haber captado alguna censura al respecto. Acaso se vaya a la cama sin ofrecer la resistencia habitual; acaso ahora se las arregle para remolonear en ella por la mañana.

La masturbación secundaria relaja —física y psíquicamente— a la criatura, y le enseña a disfrutar de su propio cuerpo, pero sólo si se la deja actuar libremente, si los adultos saben respetar el fenómeno con la debida naturalidad.

Estamos ante un acto inocente, pero si nuestra reacción no lo es, el niño llegará con mucha rapidez a la indeseable conclusión de que está haciendo algo malo, se cargará de oscuros e inexpresables sentimientos de culpa y ya no podrá realizar esta práctica sin cierto grado de sufrimiento.

Si la masturbación secundaria fuese condenada o reprimida por los padres, el niño podría padecer «trastornos inexplicables». En efecto, la inapetencia, el nerviosismo, los trastornos en el lenguaje, el pis en la cama y los terrores "infundados" podrían ser respuestas —por supuesto, inconscientes— a nuestra incomprensión. Ante tales síntomas, habrá que ayudar al niño a expresar sus preocupaciones profundas y sus angustias mediante palabras y dibujos.

Tengamos en cuenta que, para el pequeño, el placer siempre ha estado vinculado a los padres. El placer oral ha sido vivido en estrecho contacto con el pecho materno. El control de los esfínteres, con el descubrimiento de la consiguiente sensación placentera, ha sido objeto de gestos y frases de aprobación por parte de los padres. También le felicitaban y mimaban cuando mamaba... Ahora, al masturbarse, el niño no espera menos, razón por la cual es muy fácil que se sienta haciendo algo malo si se topa con una censura.

En consecuencia, pues, se debe actuar con mucho tacto. Como a esta altura de su corta vida el niño ya es capaz de controlar los esfínteres y ha aprendido que no se debe defecar en público, como ya tiene cierta noción del pudor, está en condiciones de comprender que la masturbación debe ser también un acto privado.

Por lo general, el papel de los padres al respecto se reduce a unas pocas frases. Suelen ser necesarias por cuanto la criatura, encantada con su descubrimiento, llegará a masturbarse en presencia de todos. Con mucha delicadeza, habrá que decirle que puede hacer eso cuando se encuentre a solas. Esta es la única limitación que tiene sentido imponer.

En un clima de distendida normalidad, el niño no se obsesiona con su descubrimiento, no padece excesos de tensión psíquica que le lleven a abusar de la nueva fuente de placer. Y por sí mismo, dejará de masturbarse, a los seis o siete años, cuando ingrese en el "período de latencia". No volverá a masturbarse hasta la llegada de la adolescencia.» *(Preguntas sin respuestas.)*

Y esto garantizo yo que es verdad. Había una chica en mi grupo de guardería que se extasiaba tocándose el clítoris. Lo hacía casi siempre y en cualquier lugar. Éramos niños pequeños que rondábamos los tres a cuatro años. Sé que su mamá vino hablar de ello con el psicólogo del centro, muy preocupada.

—¿Qué hago...? —preguntó la madre.

—No haga nada —le dijo el psicólogo—. Trate de ver este asunto como algo natural que muchos niños hacen.

—Pero me preocupa que esto siga a más. Además es que lo hace en cualquier sitio y en cualquier lugar.

—Bueno, eso es lo que tiene que educar —dijo el psicólogo—. Que ella entienda que las cosas tienen momentos y lugares. Comemos en un sitio y a unas horas. Dormimos a otra...

—Sí, pero esto es un tema diferente.

—No tan diferente —dijo el psicólogo—. Su hija ha descubierto que siente placer y relajación haciendo esto, y no hay más. Por otro lado, seguramente con ello esté también supliendo algún pequeño conflicto afectivo...

—Bueno, eso sí. Ha tenido un hermanito y tanto su padre como yo no le damos la misma atención que antes. Su padre tiene bastante con su trabajo, y yo con el bebé, estoy todo el día liada...

—Bueno, ¿no tiene ahí la explicación? —dijo el psicólogo—. Su hija emplea esto como mecanismo de compensación. Ha descubierto que el placer que siente al masturbarse la compensa de esas otras cuestiones que le dan displacer y le producen conflicto. ¡Es lógico!.

—Entonces, ¿me sugiere que le prestemos más atención? —preguntó la madre.

—¡Exacto! —exclamó el psicólogo—, puede ser una solución. Lo que no debe hacer es recriminarla y hacerla sentir culpable de masturbarse, porque puede hacerlo a escondidas.

—¿La dejo entonces? —preguntó la madre.

—Bueno, trate de llamar su atención hacia otra cosa, pero de un modo natural. Todo esto pasará en un plazo de tiempo y ella regularizará su conducta. Lo malo es darle mucha importancia.

El psicólogo de mi guardería pensaba, como tantos otros psicólogos, que la sexualidad es un proceso paulatino que hay que educar desde que el niño es pequeño. Lo padres tienen mucha responsabilidad en este proceso. Si todas estas cosas las ven como un despropósito esa misma actitud será proyectada en los hijos.

Me he enterado que eso que me pasa a mí de la erección de mi pene cuando mi madre me baña y me refriega esa parte con la esponja, la han visto los médicos en las ecografías en niños no nacidos aún.

—¡Vamos!, digo yo que un niño en el claustro materno no va a tener ideas morbosas.

Soy partidario de ver las cosas con naturalidad.

En mi guardería había también una niña pequeña que a la hora de la siesta siempre se tocaba el clítoris. Se le ponía la cara roja como un tomate y cuando la señorita se acercaba a ella sonreía pero seguía masturbándose.

También el psicólogo dijo que esta niña estaba muy sola. Los padres andaban siempre fuera y muy ocupados, y ella tenía que suplir sus carencias con aquello que la relajaba. Nunca le dimos importancia a este asunto. Al cabo de unos meses la niña dejó de tocarse su vagina.

Yo sé que mis padres nos valen como modelos. Mi papá y mi mamá han asistido a unos cursos que lo llaman Escuela de Padres, y les han dado unas nociones para que sepan conducirse correctamente con este

68

asunto tan serio de la sexualidad, de las que transcribo algunas:

—Al abordar la sexualidad desde la perspectiva del amor como emoción, comunicación, valores, conductas, actitudes, desarrollo personal y social, lo deberíamos encarar desde el ángulo de nuestros propios hijos, y no sólo desde el punto de vista de los padres como adultos. Deberíamos partir de la vivencia y las ideas que nuestros hijos tienen sobre la sexualidad para que en el proceso educativo mejoremos sus propias ideas y sentimientos al respecto.

En este sentido, en la educación sexual de los hijos, los padres deberían potenciar la comunicación y encontrar momentos de diálogo, a ser posible espontáneos, al nivel que corresponda de edad, en la propuesta de lo que entendemos los adultos y los niños, o jóvenes, por sexualidad.

Partiendo de la idea que tenga él o ella, habría que ir a un concepto de sexualidad que fuera válido como Valor humano; en ese proceso además podemos enriquecer la información que nuestros hijos tienen sobre la sexualidad, a nivel informativo (para eso los padres tendrían que estar informados).

No es adecuado que hagamos de nuestros hogares un aula de clase, sino un sitio para el encuentro, la comunicación y el diálogo humano. Desde esta perspectiva, y considerando los aspectos diferenciales que cada edad exige, el tratamiento de la sexualidad es un proceso educativo que debería comenzar ya desde la infancia, y no como un acontecimiento informativo que ocurre a determinada edad —eso sería un error—, sino como una educación hacia la vida.

Cuando nuestros hijos son pequeños debemos condicionar nuestra intervención educativa a sus necesidades y curiosidades, y considerar todas sus acciones sin ningún tipo de alarmismo ni falso pudor. Cuando el diálogo con los hijos ya se establece desde la perspectiva de la comprensión y el debate —diálogo y comunicación— hay que trabajar la sexualidad desde las diversas opiniones, y para guiarlos los padres deben estar preparados, con una actitud abierta y sincera, sin complejos y sin falsos moralismos. Como escribe José Luis García: «Estamos seguros de que muchas tensiones y discusiones absurdas que surgen al plantear algún tipo de actuación en el terreno de la educación sexual, se verían disminuidas notablemente si dejáramos de considerarlas como un tema aparte, raro y extraño, que puede herir la sensibilidad de los pobres e ingenuos hijos.» Hay que saber que la educación sexual de nuestros hijos, a lo largo de su vida en la familia, es parte del equilibrio emocional de la persona y que de ello dependerá el equilibrio y la felicidad de las parejas que ellos formen con sus propias familias. Estamos hablando, pues, del futuro de nuestros hijos. Por otro lado, cada miembro de la familia tiene un derecho ineludible a vivir su propia sexualidad según su condición y su deseo, y en eso nadie tiene derecho a inmiscuirse, prohibir o vetar....

Se sabe que somos seres sexuales desde que nacemos hasta que morimos, y no de igual manera vivimos esta condición en unas etapas que en otras. Cada edad evolutiva tiene sus singularidades, que los padres deben conocer. A Freud le preguntaron al final de su vida: «¿Sigue poniendo el máximo énfasis en el sexo?», y respondió: «Todo nos faltaría si nos faltara el sexo.» Sexo y sexualidad son aspectos básicos en el desarrollo de los seres humanos. Y si encontramos muchas barreras en el diálogo y la comunicación en esta cuestión es porque la sexualidad a veces se enfrenta a los convencionalismos sociales y culturales que nos rodean, como ha venido siendo hasta hace muy poco; los cuales debemos vencer en una educación sexual bien entendida.

Tomemos la postura que tomemos, la sexualidad es una realidad que está ahí; ya aparece como fenómeno desde la más tierna infancia y forma parte de la vida misma de los niños y los adolescentes. Negarla es como intentar no ver que nuestros hijos crecen. Dice Maideu i Puig: «Según un diseño evolutivo, a partir del momento del nacimiento se inicia un largo proceso de aprendizaje, inmerso en un proceso global de socialización enmarcado dentro del continuo del desarrollo infantil.» Cuando un niño explora su cuerpo y siente sensaciones, ese conocimiento de sí mismo es sexualidad; lo vive como cuerpo y sensación, a la vez como afecto y emoción, y esa experiencia no tiene por qué ser sucia ni mala. Ni tenemos por qué llenar de actitudes hostiles y de calificativos morales esas exploraciones, sino que debemos educar tratando de canalizar y guiar en un sentido positivo y educativo esas experiencias. La sexualidad humana es un universo de continuos descubrimientos corporales y emocionales, y por supuesto sociales. Desde que el niño nace, la educación de la sexualidad es una educación en la afectividad. Los niños pequeños se miran, se tocan, exploran las sensaciones que les produce su propio cuerpo, aprenden las diferencias entre él y los demás; aprenderá que la chicas son diferentes si es niño, o viceversa; la consideración de percibir a las niñas o a los niños va a depende de cuál es el punto de vista de los padres. Educar en la sexualidad a nuestros hijos va a depender necesariamente de cuál es nuestro punto de vista sobre las cosas, y ese es el tono que nuestros hijos van a adoptar. («Un niño exploraba su cuerpo tocándoselo; se extasiaba en las sensaciones que le producía. Su padre le dijo: "¡No seas marrano!, eso no se hace..." El niño pensó que aquello era malo y lo volvió a hacer, pero a escondidas.») Pues esto es educar en la sexualidad desde pequeños; no sólo se trata de informar, sino de guiar todas las experiencias básicas que se presentan en relación al sexo y la sexualidad. Hay que orientar y no asustar. Ser naturales y ver las cosas con mesura y equilibrio. Cada cosa hay que tratarla a su tiempo. Si un niño es muy pequeño para recibir una información sobre el acto sexual en la reproducción, ¿por qué voy a empeñarme en ser un magistral pedagogo? O lo adapto a las posibilidades evolutivas del niño, o lo pospongo para más adelante. No hay que obsesionarse en dar un exceso de información, sólo lo suficiente para asimilar el momento presente en que el niño o el adolescente se encuentra. Hay que interpretar siempre cuál es la realidad en la que nuestro hijo está para que desde sus necesidades reales podamos orientarle y ayudarle.

¿Qué significa la palabra sexualidad como función afectivo-emotiva, como cuerpo y como función afectivo-emocional?; la sexualidad como algo más que sexo y acto sexual, vivido singularmente como parte de la comunicación entre el hombre y la mujer (la heterosexualidad como más frecuente en la sociedad y el respeto hacia otras fórmulas no heterosexuales) en el trasvase de las emociones y los afectos que lleva consigo la atracción de los sexos; la singularidad de la sexualidad humana cuando tanto el sexo vivido como cuerpo, y la afectividad (vivida como mente) llevan al ser humano a vivir la sexualidad como una expresión del *amor*; la sexualidad como amor: lo que es sexualidad en términos biológicos (la perspectiva médica: la etapa de los doce hacia los catorce años es considerada como pubertad. ¿Por qué?; lo que es la sexualidad en términos psicológicos (el período de los doce a los catorce años los psicólogos lo llaman adolescencia. ¿Por qué?); lo que es la sexualidad en términos sociológicos (los sociólogos llaman a esa etapa juventud. ¿Por qué?)... Son ingentes las cosas que podemos abordar con nuestros hijos en el terreno de la sexualidad; quizá debamos programarnos un poco sobre cómo enfocarlo cada vez, pero siempre usando de la espontaneidad y la naturalidad...

Según hemos podido comprobar, en las edades adolescentes la mayoría están de acuerdo en decir que la sexualidad humana es *amor*, hay una preponderancia de chicas a expresar esta idea: hemos encontrado que existen chicos y chicas (pocos) que reiteran su postura de considerar la sexualidad humana como *sexo* única o fundamentalmente; con este concepto se quedan muy pocas chicas y es más frecuente en chicos. El clima en que se hizo esta pregunta era el de ser sinceros, respetar cualquier opinión que se diera y considerar como muy respetable y de gran valor la opinión de la mayoría. El concepto más generalizado se definía como que «la sexualidad humana es *amor*».

Es justo desde este concepto donde hay que partir para educar en la sexualidad a los adolescentes y niños en edad de comprensión adecuada. Luego, podremos dialogar con nuestros hijos sobre la diversidad de temáticas particulares que entraña la sexualidad.

Conceptos de sexualidad; personalidad, sexo y edad; la sexualidad es más que sexo; aprender a amar es un proceso; la resistencia de los adolescentes al concepto de amor; sobre el acto sexual; ¿por qué los adolescentes deben estar informados sobre aspectos de higiene y salud (en lo personal y en el contacto sexual —sida y otras situaciones de salud—); ¿por qué el adolescente se turba ante el sexo contrario?; la sexualidad, el onanismo y otros aspectos; el erotismo en la sociedad; la sexualidad como producto de la sociedad de consumo (ejemplo: «el queso de teta gallego» y la polémica en los circuitos del *marketing*...); definir lo que es amor; el amor sexual; la facultad de amar; el egoísmo en la sexualidad; el impulso sexual, la atracción sexual, el cuerpo en la mujer y el cuerpo en el hombre; diferencias e igualdades entre los hombres y las mujeres; genitalidad es diferente a sexualidad; la educación moral y afectiva (sexualidad como valor); la resistencia a ser informados; la inquietud y la búsqueda del amor en los adolescentes; la intención de encontrar a un doble;

cuando en la sexualidad hay amenazas, represión...,
etcétera.

Cuando miro a mi hermano pequeño sí que siento
emociones muy diversas.

CAPÍTULO V

PAPÁ Y MAMÁ: ¿SABÉIS POR QUÉ SOY ALGO «PERVERSO» CON MI HERMANO?

Mi papá y mi mamá dicen que he sido algo perverso con mi hermano. Muchas veces he pensado que se lo merece.

Cuentan que se me ponía roja la cara y que le lanzaba tortazos a diestro y siniestro mientras le decía cuánto le quería.

Me ha pasado como a ese personaje que se llama «Manolito Gafotas» cuando al referirse a su hermano le llama «El Odiado». Y es que siempre mantuve que los pequeñajos son todos algo tontos. Ni uno se salva.

¿De dónde me vendrá a mí tanta manía? Y mira que yo quiero a mi hermano pequeño. En cierta ocasión, aprovechando un descuido de mi madre me llevé una barra de pan donde él estaba y le di de comer.

Tenía meses; a mi hermanito le llamaban bebé, nombre que siempre me ha repateado las tripas. Quise cuidarle, claro que mi madre cuando se dio cuenta de lo que le pasaba a mi hermano me lanzó varios chuletazos al culo y lloré durante mucho tiempo.

¿Qué había hecho yo sino jugar? Le metía migas de pan en la boca y luego con el dedo lo apretaba en su garganta. Así le metí varias bolas grandes de miga. Mi madre se lanzó contra mí y me retiró bruscamente mientras con sus dedos le sacaba las bolas de migas de pan.

—¡Por poco le ahogas! —gritó—. ¡Como te vuelva a ver hacer esto te enteras!

Y entonces fue cuando pagó todo su enfado contra mi culo, dándome dos soberbios azotes. Me sentí despreciado. Odié a mi familia, y me hubiera gustado ser mayor para irme de allí.

A nadie que tenga hijos como yo le puede pasar inadvertido eso que llaman el fenómeno de los celos. Los psicólogos han dado en llamarlo rivalidad fraterna.

Después de ese suceso del pan mi madre fue a hablar con el psicólogo de la guardería. Le dijo que esas cosas son antiguas y que siempre ha sido así. No sé por qué alguien debió contar algo de la historia bíblica sobre Caín y Abel, pues me dijo.

—¡Eso que tú hiciste con tu hermano son cosas de Caín!

Esa historia sí que fue realmente dramática. En todas las culturas existen historias entre hermanos que se llevan fatal.

Lo de José fue realmente para poner el grito en el cielo. Por aquella frase que mamá había dicho más tarde puse más interés en el relato bíblico, y siempre me pareció muy fuerte el comportamiento que sus hermanos tuvieron con él.

—¡Pobre José!

Leí: «... vieron sus hermanos cómo le prefería su padre a todos y le aborrecieron hasta el punto de no poder siquiera saludarle».

Le dijo el psicólogo a mi mamá que Freud basándose en esta historia llamó el «Complejo de Caín» a eso que pasa entre los hermanos. Le explicó que son fenómenos normales en nuestra sociedad.

Yo al menos conscientemente no he intentado matar a mi hermano, aunque sí le he dado con rabia algún tortazo. Claro es que siendo tan estúpido como es él uno no puede reprimirse ciertas cosas. Y es que se lo merece por tontorrón, quisquilloso y mentecato. Hasta a mi madre le hacen pocas gracias sus tonterías, ¡y eso que siempre está con él que se le cae la baba...!

Bueno, mi papá es diferente; me prefiere a mí, aunque yo creo que lo hace por no desairarme, o algo así. Lo de mi hermano, la verdad, lo llevo fatal.

«A esta diferencia tensional psicológica que surge entre hermanos es lo que se denomina rivalidad entre hermanos —leía en un manual—. Se consideran dentro de este fenómeno psicológico y social, las reacciones tanto externas (sociales) como internas (psicológicas) de los niños frente a sus hermanos.»

Leí aquello porque mi madre le dio muchas vueltas, decía que no le entraba muy bien. Se preguntaba si lo de las reacciones sociales eran aquellas cosas que yo hacía con mi hermano casi sin darme cuenta, pero que iban a causarle daño, y las reacciones internas, eso que se producía en mí cuando las hacía: tristeza, llanto, arrepentimiento...

La verdad es que a mi papá y a mi mamá les preocuparon durante un tiempo las malas relaciones que yo tenía con mi hermano pequeño. Con el tiempo eso fue pasando y ahora logro estar con él y disfrutamos mucho jugando.

Una vez escuché en la radio a una señora que decía que eso de la rivalidad se producía porque los niños lo pasan mal.

Decía que era algo así como si mi papá un día llamase a la puerta de mi casa con una señora a la que él quisiera como a mi madre, y mi papá le dijese a mi mamá:

—Te presento a Marina; desde hoy vivirá con nosotros, y hará una vida como si fuera mi esposa.

¡Imagínate cómo se pondría mi mamá de celosa! Lo mal que lo pasaría... Pues decía aquella señora que una cosa parecida pasa con los niños cuando viene un hermanito.

La verdad es que lleva mucha razón. Cuando mi hermano nació yo me moría de celos. Todo el cariño de mis padres lo había vivido yo solo, y ahora me tocaba compartirlo. ¡Era injusto! ¡No podía resistirlo...!

La verdad es que mis celos me lo hacían pasar muy mal porque luego sentía remordimiento por el odio que experimentaba, y eso me angustiaba, y me hacía comportarme mal, y hacía que no comiera, estuviera triste y no quisiera ir a la guardería.

Sentí algo raro ya el día que me dejaron solo en casa de mis abuelos maternos. No entendía que tuvieran que irse al hospital.

Luego, todo a mi alrededor había cambiado de la noche a la mañana. Entre mi madre y yo se interponían ahora los biberones de mi hermano, sus pañales, los llantos y todas esas cosas tontas que suelen hacer los bebés cuando son pequeñajos y bobos.

Me sentía destrozado y me dio por estar triste. También estaba triste en la guardería y mi señorita se lo dijo a mi mamá; y mi mamá consultó al psicólogo.

Éste le aconsejó, como siempre hacía, que no se preocupara en exceso, pues eso sucedía a muchos niños que como yo tenían hermanos pequeños.

Al darme cuenta de que con eso mi mamá pasaba más tiempo conmigo y que se preocupaba por mí, lo hacía peor. Así que me propuse no dormir y comer poco.

Todos estaban realmente alarmados con mi comportamiento. Eso me gustaba y pensé que todo marchaba muy bien. Pero el psicólogo me estropeó mi juego, pues le dijo a mi madre que dejara de darme tanta atención. Y mi plan se vino a pique. De nada me valió portarme mal, y tuve que empezar a ceder.

—¡A lo mejor tener un hermanito no es tan malo! —me dije.

«En la dinámica de la familia existe un profundo proceso de socialización —leyó mi madre en un librote muy grueso—. Sus miembros deben reaccionar unos frente a otros: la pareja entre sí; la pareja con relación a sus hijos y a la inversa, y los hijos entre ellos... Que los hermanos reaccionen entre sí es algo natural dentro de las relaciones interpersonales de la familia, y estas reacciones adquieren diversidad de formas y signos.»

La verdad es que dicen de mí que yo he sido muy celoso, pero no todos los niños sienten las emociones negativas que yo sentí y que no podía evitar por más que me lo propusiera.

Mi primo sí que fue un niño bueno, estaba encantado con su hermano. Mi tía decía que su hijo nunca había sentido celos. El psicólogo de mi mamá decía que todos los niños experimentaban la rivalidad, pero que no a todos afecta por igual, e incluso puede pasar inadertido. Unos logran superarlo rápidamente y son menos emotivos que otros. Pero todos tienen que vivir un período de adaptación y de aceptación del otro.

Dicen que de los celos no se salvan ni los papás. Cuentan que algunos tienen celos de sus hijos pequeños, porque como aman mucho a su mujer les cuesta compartir ese cariño. Son cosas que pasan. Yo eso lo entiendo bien, porque he sido muy celoso.

Mi padre comenta que él y su hermano mayor siempre se han llevado mal. Nunca han superado esa tensión básica de la que habla el libro de mi madre. Incluso comenta que durante la adolescencia eso fue fatal y peor que nunca. ¿Por qué será...?

«Los celos y la rivalidad materializan un aspecto de un proceso social que, de alguna manera, afecta al psiquismo del niño o de la niña, de los hermanos adolescentes o, incluso, de los hermanos adultos. Determina en alguna medida ciertas características de rasgos de la personalidad individual y social. Pero ni más ni menos que en una medida propia a la naturaleza de los hombres, a su sentido antropológico, histórico, cultural y social. En la familia, los iguales generan una gran disputa sobre algo esencial para sus vidas. tan importante o más que el alimento o cualquier otra cosa esencial a la supervivencia, y es el reparto del afecto, del cariño de sus padres.»

O sea, que según aquel libro el tema central y más candente estaba precisamente en el reparto del pastel afectivo.

En aquella época que mi madre leía aquel libro todo en mi casa debía ir bastante mal, pues a mi mamá le había dado por escribir carteles de las notas del libro y las pegaba en los sitios más inverosímiles. Todavía recuerdo diez de ellos:

— Los hermanos tienen que ser colaboradores.

— La rivalidad fraterna es la consecuencia de un proceso de socializacion negativo producido en el seno de la familia que debe ser reorganizado.

— La rivalidad es un conflicto que se establece por el reparto del cariño de los padres.

— Si no se educa en los valores humanos más profundos, y no se llega a la aceptación del otro puede llevar a las personas a un conflicto con el entorno más allá de la niñez.

— Cuando no existe aceptación del otro se perpetúa la lucha entre rivales, por lo que se genera el conflicto en la familia.

— El comportamiento desadaptado de los hijos es la consecuencia de la no aceptación del otro, del hermano o la hermana.

— Los hermanos deben aceptarse como compañeros o amigos, deben aprender a compartir, a sentirse motivados por la comunicacion, el respeto y la convivencia.

— Los conflictos en familia pueden intentar ser resueltos fuera del entorno familiar con compensaciones negativas

— La familia con malos hábitos sociales (discusiones, peleas...) deben reeducarse en la convivencia.

— Educar las tendencias egoístas, educar el «ego» es la mejor manera de combatir la rivalidad, en los valores humanos superiores.

La verdad es que a mí todas aquellas frases me resultaban difícil de entender. Pero lo que sí comprendía yo día a día es que por todos los medios posibles deseaba atraer el cariño de mi madre para mí solo, y por eso era capaz de hacer cualquier cosa.

Las mamás son los seres más amorosos que puedan tener los hijos. ¡Es verdad!, y lo reconozco sin ningún pudor, que yo deseaba tener el amor y el cariño de mi madre para mí solito. Trataba de acapararlo todo, y ese era el gran problema que yo tenía, que mí hermanito lo evitaba. Este era el gran tesoro por el que yo discutía sin tregua día a día.

Mi disputa se centraba en mi mamá, en atraer su atención. Incluso podía soportar los castigos, los chillidos y los tortazos, si la mantenía centrada en mí. Que me prestara atención constituía realmente algo grandioso.

Lo decía aquel libro con claridad. Mi madre lo sabía:

«Se localiza una fuerte captación del cariño de la madre, por ser el objeto amoroso más importante de los hijos: tratan de acaparar todo el amor y el cariño de la madre fundamentalmente. Dijéramos que este es el tesoro sobre el que los hermanos disputan. La posesión única y total de este preciado bien lleva consigo una lucha entre rivales. La niña o el niño que tiene un hermano experimenta que ese tesoro, antes poseído para sí, ahora debe ser dividido, compartido. Y el niño, al nacer, aprende lo importante que resulta poseerlo e intentará centralizarlo sobre sí, rivalizando también con el mayor, o luego, con el otro más pequeño. En el fondo, podemos observar que la rivalidad fraterna trata de un conflicto del reparto de cariño del padre o la madre.»

Y así es posible que empiece todo drama humano, en la más tierna infancia. Yo sé que estas cosas no me pasan a mí sólo. El psicólogo de mi madre bien dice que esto es universal, que estas cosas «se hunden en las entrañas de la humanidad». Deduzco que todo esto, por tanto, debe ser muy importante aunque no lo parezca.

Siempre he pensado que las cosas nimias son realmente las más importantes. Bueno, ciertas cosas parecen nimias, pero si empiezas a darles vueltas realmente llegan a ser impresionantemente esenciales.

El libro de mi madre en este sentido es muy claro:

«El amor y el odio, los celos entre hermanos no dejan de ser una expresión de las emociones más primarias. Esta misma fenomenología sentimental está presente en los enamoramientos adolescentes o en los celos generales de los adultos. Los hermanos se hacen rivales y luchan por la posesión del afecto. Se genera en las interioridades de la personalidad un mundo de violencia y tensión que da lugar a una intensa angustia, lo que genera a su vez un conflicto fácilmente exteriorizado en conductas desadaptadas. Suelen ser esas conductas que muchos padres observan en sus hijos con gran preocupación: envidias, regresiones, mimos, agresiones, peleas, inadaptaciones, inapetencias, hiperactividad... son síntomas de ese conflicto psicológico interno denominado «Celos entre hermanos».

La propia rivalidad que se establece entre hermanos por lograr la totalidad del cariño de sus padres, y el sentido de lucha psicológica por la «eliminación» del rival, produce en los niños también una fuerte culpabilidad, lo cual hace del tema realmente un problema o un conflicto que los padres buscan a toda costa resolver, sobre todo cuando es muy acusado. El niño se comporta mal, hace que todo el mundo esté pendiente de él o de ella...

A mí no me gusta ser tan catastrofista, y la verdad es que, aunque yo he sido un auténtico diablo, reconozco que por el esfuerzo de mi papá y el de mi mamá, e incluso el de mi hermano y el mío, estas cosas fueron cambiando poco a poco.

Nada en esta vida es para siempre. Tampoco ese conflicto. Llegué poco a poco a la idea —no pensada, sino sentida— de que tenía que aceptar a mi hermanito, y que quererle era algo por lo que uno se podía sentir tan bien y feliz como cuando estaba solito en mi casa con mis padres. Supe en un momento determinado que todo debía cambiar; tenía, pues, que aceptar a mi hermano.

No fue una empresa fácil, ni mucho menos. Pero a poco que lo intentara supe que aquello me reportaba un gran placer y mucha felicidad. ¡Eso sí que era grande! En mi casa todas las cosas cambiaron. Yo sé que esto no le pasa a todos los niños, pues es muy complicado a veces llegar a determinadas evidencias.

Hay niños que no son capaces de renunciar a su egocentrismo.

Son los padres quienes deben educarlos para lograr que un día puedan experimentar la felicidad que provocan los sentimientos positivos. En esto el libro de mi madre era bastante claro, decía:

«Si nos quedásemos simplemente del fenómeno analizado con esta descripción psicológica, sería algo catastrofista, pues este conflicto puede ser resuelto en un sentido positivo. Siempre se soluciona cuando el niño da un paso hacia la *aceptación* del otro, o sea, a la aceptación de su hermano o hermana, y aprende que compartir el cariño de los padres es también una fuente de placer y motivación. Si esta aceptación es recíproca entre los diversos miembros iguales de la familia, el conflicto familiar termina y se da una dinámica de socialización entre iguales satisfactoria para el desarrollo y la maduración de la personalidad. El problema permanece mientras no se dé este fenómeno de socialización entre iguales. Mientras sus miembros iguales no se acepten, no compartan, se establecerá como norma el fenómeno del conflicto, la angustia y las conductas inadecuadas. La no aceptación del hermano o de la hermana es muchas veces incluso verbalizado por los niños; otras veces se manifiesta en agresiones directas y claras.

También se visibiliza la aceptación con cariño y verbalizaciones. La aceptación del hermano debe ser interna y profunda. Muchos niños manifiestan grandes contradicciones entre lo que expresan y hacen: "Te quiero mucho", dicen mientras agreden. Está muy claro que la rivalidad y los celos entre hermanos es una cuestión de socialización, y más que fenómeno debemos hablar de proceso de aceptación del otro, Los padres deben educar a sus hijos en la idea de la amistad y el compañerismo, y hacer sentir lo positivo que resulta. Ningún hecho familiar puede ser tan propicio para la intervención educativa de los padres que el de constituir un medio familiar compuesto por varios hijos. Todos sus miembros van a aprender necesariamente a compartir. La equidad en el reparto del tiempo de dedicación a los hijos es un mecanismo que lleva a sus miembros hacia la independencia y la descentralización de las relaciones demasiado cerradas entre sus miembros. Los pequeños aprenden de los mayores, los mayores regulan su comportamiento a través de la aceptación del otro...

Toda persona, niño o niña, por tanto, que tiene un hermano, sufre un efecto psicológico y social que puede tener connotaciones de índole positiva o negativa. Puede ser más visible su efecto psicológico, o invisible, pero indudablemente siempre existe en la persona que recibe en la familia a otro nuevo ser una influencia psicológica y social. La influencia, por supuesto, está también en los padres, pero es de una naturaleza diferente a la que se produce en los hijos...»

Yo pude superar mis emociones y mis sentimientos negativos a base de experimentar también las cosas positivas. Esto lo logré gracias a la intervención de mis papás. De eso no me cabe la menor duda; aunque, claro, la última palabra la tuve realmente yo. Pues, aun de pequeñitos, si uno realmente no quiere, es imposible...

En este proceso todo el mundo debe poner un grano de arena. Mis papás siempre tendieron a mitigar sus efectos, porque de lo que realmente se trataba era del reparto del amor y del afecto. Si no lo hubieran hecho bien cualquiera de los dos, me refiero a mi hermano y a mí, hubiéramos sufrido las consecuencias. La actitud de los papás en este sentido resulta primordial. Si cuando hay reparto equitativo por parte de los padres hacia los hijos existen conflictos, pues imagínate que hubiera reacciones injustas. Yo nunca hubiera soportado a mis papás contra mí en todos. Ellos hicieron lo que debían; si tenían que reñirme, me reñían, y si la cosa merecía un castigo, ese castigo se ponía. Y no pasaba nada, pues con el tiempo vi que hacían lo mismo con mi hermano. Mis papás han sido justos, y eso no es fácil, pues lo dice muy claro el libro de mi mamá:

«Aún cuando las madres tiendan a ser muy justas y lo sean, los hijos pueden no escapar al sentido negativo de la rivalidad. Se demuestra que las madres excesivamente pendientes de estos problemas logran agravar la situación de la rivalidad entre sus hijos.

Los padres no pueden perder su tiempo considerando la rivalidad fraterna como un "mal" mayor o menor cuando éste se expresa con agresividad por parte de los hijos, conflictivo en la lucha social de adaptación... Lo que no deja de ser un incordio del ambiente familiar... o una gran preocupación generadora de angustias. La rivalidad fraterna es un tema de educación en el medio familiar. Un tema que no es sencillo abordar por su sutileza y dificultad difusa, poco clara...

La rivalidad entre hermanos es un proceso social que toca las entrañas de la educación íntima y personal de los hijos con sus hermanos y padres. Debe preponderar poco a poco que el amor es más importante que el odio.

Los hijos deben ver en los padres los ejemplos que ellos mismos propugnan, de tal modo que cuando sean moderadores de los conflictos de sus hijos, las normas y los límites que se fijen para las conductas se tornen obligatorios en la convivencia diaria. La solución de la rivalidad entre hermanos pasa necesariamente por una solución más global de todo el ambiente familiar. Los padres no pueden pedir a los hijos aquellas cosas que no ha superado la pareja, por ejemplo...

Para muchos padres que no ven efectos visibles externos de la rivalidad fraterna entre sus hijos, no existe el fenómeno ni el proceso. Evidentemente esto no es así. Todo el medio familiar recibe un influjo cuando nace un niño y se mantiene en un proceso de socialización,

Sucede que los efectos pueden quedarse en el interior de la persona y tornarse de inmediato positivos. Entre los hermanos la rivalidad fraterna como fenómeno psíquico debe ser siempre elaborada en el interior de sí mismo, pudiendo suceder multitud de situaciones diversas. En el niño que rápidamente transforma la rivalidad en una situación positiva (tener un hermano es bueno, ser mayor es gratificante, le protejo, le quiero, le cuido...), socialmente el proceso no tiene efecto porque psíquicamente hay una elaboración positiva de *aceptación del otro*.

No sucede así cuando la rivalidad se torna un problema de *no aceptación del otro* (tener un hermano no es bueno porque mi mamá y mi papá están con él y no conmigo, me quita mis cosas, no me deja ser el único de mi casa...) y socialmente el proceso se torna en una *lucha contra el otro;* en este último caso precisamente la rivalidad se transforma en algo negativo, en un proceso social cuya elaboración interna psicológica es negativa. Aparecen los conflictos familiares.

La angustia de los padres, el no saber qué hacer... Muchas veces la rivalidad fraterna es un eterno conflicto que cruza la vida de las personas desde la niñez hasta la adolescencia o juventud, y existen casos que logran alcanzar los umbrales de toda la existencia personal.»

En fin, con estas cuestiones de la rivalidad comenzaron mis padres a educarme en el tema de las emociones. Y la verdad es que amando al otro se vive mucho mejor que odiándolo. De esto me he ido dando cuenta según crecía y en ello han tenido mucho que ver las actitudes de mi papá y de mi mamá.

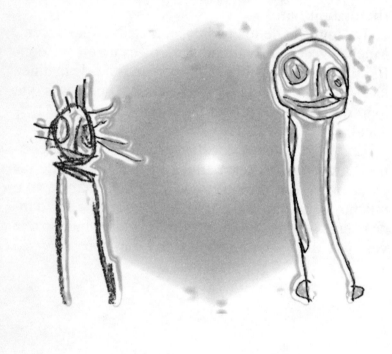

CAPÍTULO VI

PAPÁ Y MAMÁ: ¿QUÉ HACEN PARA QUE YO ME SIENTA BIEN Y SEGURO?

Me preocupa mi autoestima, siempre me ha gustado sentir que mis papás me acariciaban. De pequeño era mi madre quien más me tenía en brazos, aunque reconozco que las caricias de mi padre siempre han sido para mí realmente importantes.

No puedo negar que los adultos nos manosean, nos besuquean, te revuelven el pelo con las manos, te dan un tirón de la oreja o un cachete en la cara, una suave tortita, todo como expresión de afecto. No he visto yo que entre los adultos estas cosas se hagan como expresión afectiva. Nadie llega a su trabajo y comienza a hacer con el otro estas cosas, a menos que tenga una amistad muy grande.

Los niños inspiramos a los adultos mucha ternura. La verdad es que esas caricias físicas para nosotros también son fundamentales, pues los niños nos nutrimos del cariño y del afecto que nos brinda nuestro entorno. Sin este cariño los niños llegamos a sentirnos mal, y podemos crecer sin eso que hoy día se ha puesto tan de moda y que llaman la autoestima.

Las caricias físicas tienen un poder inestimable para los niños. Mi papá y mi mamá, en especial mi madre, es gente de piel. Gustan del contacto físico, el estar próximos. Tradicionalmente en los hombres estas cosas se evitan porque denotan para el entorno cierta debilidad.

Cuentan que la sociedad americana de hace unas décadas era una sociedad en la que los padres no acariciaban a sus hijos, y la generación con ese tipo de padres son luego personas adultas con muchas carencias afectivas y con bastantes problemas psicológicos. En realidad, dice alguna gente que entiende de estas cosas que esa falta de caricias produce problemas en la estima personal.

Este tema, últimamente (el de la autoestima), se habla mucho en la escuela. Me han dicho que todo eso se relaciona con la manera que tenemos de vernos a nosotros mismos. Yo pregunté en su día al psicólogo de mi colegio, a quien a su vez había sido yo remitido por mi profesora tutora, quien decía que se hacía un poco de lío con esas cosas de la psicología. Me dijo el psicólogo:

—Mira, hijo, la autoestima tiene que ver con la manera en que tú te valoras a ti mismo. Es la manera como tú sientes que eres.

La verdad es que al principio me costaba bastante entender esta idea de la autoestima, pues no sabía cómo se traducía en términos de cosas cotidianas y diarias.

El psicólogo tuvo mucho interés en dar respuesta a mi curiosidad, cosa que ahora agradezco, pues empleo bastantes horas en darme algunas ideas que me valieran unas vez fuera yo desgranando el significado de esta palabra.

El psicólogo, que había visto mi cara de rareza ante su palabras, me preguntó:

—¿Cómo te sientes tú contigo mismo?

—Bien —le respondí.

—Bueno, pues eso es porque tú te sientes satisfecho y confiado por cómo te van las cosas, por la confianza que tus padres, tus amigos, tus profesores, y tú mismo, tienen sobre ti...

—¿Y eso es la autoestima? —le interrogué.

—Eso es parte de tu autoestima —me dijo—. La autoestima es como examinarse a uno mismo. Puedes superar el autoexamen y aprobar, pero también puedes suspender. Cada uno de nosotros está continuamente examinando quién es, lo que vale para sí mismo y para los demás. Si siente que es alguien valioso para los demás y para sí mismo esta persona posee una autoestima positiva. Si, por el contrario, siente que no es querido ni aceptado por lo que es y hace; o aunque la gente que le rodea le vea bien, si esa persona no se acepta, lo que tiene es una autoestima negativa.

Todo esto me lo dijo el psicólogo de carrerilla como si lo tuviera ya muy meditado. Muchas de aquellas cosas para mí eran evidentes, pero otras me resultaban difíciles de entender.

A mí, desde bien pequeñito, me encantaba estar en los brazos de mis padres y sentir que me abrazaban, porque esto significaba seguridad, afecto y amor. Me sentía desde bebé un ser querido. El psicólogo de mi colegio dijo a mis padres que eso resultaba ser una experiencia vital.

—Las caricias físicas que damos a nuestros hijos desde pequeños son la base de la autoestima positiva, que es la más primaria y elemental estima. Cuando no tocamos a nuestros hijos cariñosa, afectivamente, se ponen los primeros ladrillos para que nuestro hijo crezca con una autoestima negativa.

Siguió diciendo a mis papás que nosotros los niños necesitamos esa manifestación afectiva porque a los niños nos mueve el afecto. Algo así como luego el dinero mueve al adulto. A nosotros los niños lo que nos mueve es el afecto y el cariño de todas las gentes que nos rodean. A través del tacto y las caricias parece que se transmite mucho de esto.

Yo, que soy bastante observador, he notado que los adultos tienen muy limitadas sus caricias. La gente trata de evitar el contacto físico directo. Muchas veces me he preguntado: ¿por qué...?

Pero los adultos en situaciones especiales están físicamente muy próximos los unos con los otros. El día en que mi papá perdió a su padre, cuando mi abuelito murió, la gente le daba abrazos y solían darles apretones de mano, reteniéndola calurosamente. Siempre he visto estas cosas en momentos especiales, cuando los adultos viven algo importante. Quizá sea porque el afecto, el aprecio, la valoración positiva, el apoyo, el cariño, se expresa mejor contactando con el cuerpo.

El psicólogo de mi colegio decía:

—Los seres humanos somos piel. La piel nos limita el dentro y el fuera de nosotros mismos. La pies es la frontera entre lo interno y lo externo. A través de la piel damos y se nos da. A través de la piel nace el afecto, se proyecta el amor...

Quizá se refería a esas expresiones que tenemos las personas ante la vida y que yo había observado muy especialmente el día del funeral de mi abuelito.

Carmen Larrán y Rafael Sáez escriben sobre estas cosas:

«Todo niño recién nacido viene a este mundo para ser príncipe o princesa. Por desgracia, las experiencias infantiles pueden actuar como un maleficio y convertir a algunos en sapos. Y no es que tengamos nada contra los sapos. Éstos no son malos. Pero las personas no son sapos.

El hambre de estímulos o de caricias físicas es tan importante de satisfacer, sobre todo en los primeros años de vida, que una carencia total puede producir la muerte.

Los trabajos de Rene Spitz demuestran que la privación sensorial en el niño puede dar como resultado no sólo unos cambios psíquicos, sino también un deterioro orgánico. En sus investigaciones, los niños que habían sido separados muy pronto de sus madres y habían sido ingresados en hospitales o casas-cuna, a pesar de tener cubiertas sus necesidades de nutrición y aseo, pero carentes de toda atención afectiva, presentaban una serie de retrasos tanto físicos como psíquicos.

La historia de la psicología nos confirma las consecuencias dramáticas que sobrevienen a los niños carentes de estimulación sensitiva y de caricias físicas, y que dan como producto la muerte; es decir, autoestima, cero.

La primera experiencia sobre la privación afectiva fue hecha por el emperador Federico II, que reinó desde 1190 hasta alrededor de 1250 (Ajuriaguerra, 1979).

97

Su cronista Salimbeni, que le conocía personalmente, refiere lo siguiente: "La segunda locura de Federico fue que quiso saber qué tipo de lengua y qué forma de hablar tendrían los niños cuando hubieran crecido si antes no habían hablado con nadie. Ordenó a las nodrizas y a las niñeras que lactasen a los niños, los bañasen y los lavasen, pero sin charlar con ellos ni hablarles de ninguna forma, porque quería saber si estos niños hablaban hebreo, que era la lengua más antigua, latín o árabe, o quizá la lengua de sus padres. Sus intentos fueron vanos porque todos los niños murieron, ya que no podían vivir sin las caricias, las caras alegres y las palabras de amor de las nodrizas."

Pero es sobre todo a partir de 1930, con J. Bowlby, R. Zazzo, R. Spitz y otros, cuando se describen los efectos negativos de la falta de relaciones entre la madre y el niño.

En1951, J. Bowlby publica una monografía titulada *Cuidados maternos y salud mental,* en la cual presenta la importancia que debe otorgarse a los lazos efectivos madre-hijo en el desarrollo de la personalidad de este último, en las funciones afectivas, cognitivas y perceptivas.

R. Spitz, en sus investigaciones con niños institucionalizados, concluyó que los niños de instituciones sufrían un considerable retraso en su desarrollo. Eran los efectos del aislamiento o separación de los niños por falta de contacto con otras personas.

El carácter transaccional del crecimiento en la autoestima en la relación padres-niño hace referencia también al concepto de "urdimbre afectiva" (Rof Carballo, 1972). Es la atmósfera peculiar que envuelve a las conductas de cuidado del niño en los primeros años de vida, cuando éste es acariciado, cuidado, limpiado, vestido, saciado, y que dejan transparentar un fuerte contenido emocional subterráneo. Es la atmósfera necesaria para la educación de la autoestima desde el primer día de vida.»

También dice estas personas que al principio estas caricias que son fundamentalmente físicas terminan expresándose de modo psicológico, y que se acaban haciendo «caricias psicológicas».

Esto que no entendía yo muy bien se lo tuve que preguntar a mi papá y a mi mamá para ver si ellos me daban alguna solución. Me remitieron a lo que les habían contado en una charla de escuela de padres.

Mi papá y mi mamá trataron de darme una explicación lo más experimental posible. Mi madre dijo:

—Cuándo yo te doy un beso porque haces algo bien que a mí me gusta, ¿cómo te sientes?

—Bien —le dije.

—¿Y cuando te he dado un azote?

—Mal —dije poniendo una cara rara.

—¡Bien! —dijo mi madre— Pues eso son caricias físicas. Unas te hacen sentir bien y otras mal. Pero bueno, ¿tú no habías preguntado por lo que eran las caricias psicológicas?

—¡Sí! —le respondí con una cara rara como expresando escepticismo.

—Bueno, como pones esa cara —dijo mi mamá—, ahora que te lo explique tu padre.

—Bueno, vamos a ver —dijo mi padre—. Cuando yo te digo que tu profesora me ha dicho que eres un chaval estupendo, y que anda muy contento contigo. ¿Tú cómo te sientes...?

—¡Muy bien! —exclamé— ¡Me gusta que me lo digan...!

—Bueno, pues eso es una caricia psicológica positiva —concluyó mi padre ante mi entusiasmada reacción—. ¡Las cosas que te dicen pueden transformarse en caricias, pero, claro, psicológicas.

La verdad es que creo que a los niños nos entusiasma que la gente aprecie lo que hacemos. Continuamente estamos buscando este tipo de caricias. Nos encantan las caricias positivas. Son nutricias y nos hacen crecer como personas. Pero mi padre no había terminado, y continuó diciendo:

—Bueno, si te dijera que eres un tonto por algo que haces mal, ¿cómo te sentarías?

—¡Muy mal! —dije sin entusiasmo.

—Bien, pues esto se llama caricias psicológicas negativas. Hay muchas cosas que decimos con la boca que hacen sentir al otro muy mal. Acariciamos al otro pero para destruirle. Eso hace que tú te sientas mal.

Aquella lección de mis padres me había resultado muy instructiva. Me di cuenta de que los seres humanos estamos continuamente acariciándonos psicológicamente, lo malo es cuando empleamos mucho las caricias negativas, que más que caricias son tortazos y zarpazos.

Mi profesora dice que a los niños hay que valorarlos en positivo, y que si hay que corregir se puede hacer también sin machacarlos psicológicamente. Es decir, que podemos hacer que los otros mejoren sin necesidad de destruirlos.

Mi tío cuenta que cuando él iba a la escuela y comenzó a leer tuvo muchas dificultades. Me he reído mucho con él, pues dice de sí mismo que siempre ha sabido que es un poco torpe. También dice que no pasa nada por ser algo torpe, y que los torpes también mejoran y pueden ser muy útiles para la sociedad. Él llama a esto tener una autoestima positiva.

A él aún le duele lo que le dijo un profesor:

—¡Burro! ¡Más que burro!

Porque cuando le presentaba la cartilla donde ponía mesa con su dibujo correspondiente, él leía siempre y repetidas veces:

—La-ca-mi-lla.

Y el profesor le gritó diciendo que se dedicara a arar la tierra. La verdad es que mi tío dice que nadie le iba a convencer a él de que le costaba entender las cosas, pero la postura del profesor no le beneficiaba para mejorar su lectura.

Hay muchas maneras de decir la cosas, dice mi tío, que es una persona voluntariosa y hoy día cuenta con dos carreras universitarias y una buena posición social y laboral.

—Lo importante no es ser el mejor —decía mi tío—, ni el número uno, sino que lo poco o lo mucho que tú sepas te lo valoren.

Comencé a entender que para tener una buena autoestima necesitabas, no sólo que lo que tú pensaras sobre ti mismo fuera positivo, sino que esos pensamientos y sentimientos dependían de los demás, de lo que los otros te dijeran o hicieran contigo.

Muchos especialistas piensan cosas como las que siguen sobre el tema de la autoestima:

— La confianza que los demás tienen en mí es parte de mi autoestima positiva. Cuando me siento valorado y querido mi autoestima es esplendorosa y está llena de luz. Cuando me respetan, me aceptan sin el egoísmo del trueque, mi autoestima es más recia, firme y positiva... De tal modo son buenas esas y otras cosas, que, básicamente, la actitud interna que yo tengo hacia mí mismo y los demás se fundamenta en ello...

— Si analizamos la autoestima en su forma negativa, sus efectos son dañinos y nefastos, expresan una manera negativa de vivir. Alguien podría verse en su espejo interior de autoestima y notarse roto, dolido, herido... ¡Cuántos rostros en nuestra comunidad de humanos están frente a sus espejos de autoestima desgarrados! Podrían decirnos algunos de ellos: «No me quieres de verdad. No me valoras. No me amas aunque me des cosas. No me respetas. Y así soy una persona insegura y problemática...»

— Estudiosos diversos creen ver en la autoestima el núcleo central de la persona; ella es el valor que el individuo se da a sí mismo condicionando su existencia inmediata y futura; y es también la parte más fuertemente implicada en la conducta. Podríamos decir que muchos comportamientos desadaptados en niños y adolescentes se producen por baja autoestima, y muchos otros positivos y adaptados son fruto igualmente de una alta autoestima...

— La persona se evalúa a sí misma y se aprueba o se desaprueba. Se considera capaz de éxito o no; una persona importante o sin valor para los demás. Las consecuencias de estas valoraciones las podemos imaginar. Este juicio de valor subjetivo puede producir graves consecuencias en los comportamientos, en el rendimiento escolar, o ser fructífero como la fruta en la huerta después de ser regada sabiamente...

✳— Debemos intentar por todos los medios que nuestros hijos adquieran una valoración positiva de ellos mismos. La valoración de sí mismo debe ser equilibrada, pues el exceso produce también graves consecuencias. Nuestros alumnos deben verse con los ojos de la objetividad, de la equidad, de la sobriedad y la justicia; y esto sólo es posible en base a la educación en familia y escuela; a la equidad en familia y escuela; a la justicia en familia y escuela; al amor en familia y escuela... La autoestima positiva la van haciendo nuestros hijos desde el momento mismo en que nacen. Si lloran y se les atiende, si les abrazamos y queremos cuando son pequeños, ellos comienzan a sentir que el mundo es seguro, descubren la confianza en los miembros de su familia. Si queremos a nuestros hijos y los respetamos crece su autoestima. Si les indicamos los límites de las cosas con equidad, estamos ayudando a que su experiencia sea de autovaloración positiva. Pero con esto no hablamos de permisividad ni de inflexibilidad en la conducta hacia nuestros hijos, sino de equilibrar todas las reacciones. Que la vida sea un mundo positivo para ellos en el respeto, la justicia, el amor, la educación, el buen gusto, hacia todas las cosas del entorno y hacia sí mismo. La percepción que deben tener nuestros hijos de valía personal estará en relación con todo lo que les rodea.

— Los contextos de tareas y aprendizajes serán mejor para su autoestima cuanto mejor se desarrollen, pero si el niño o el adolescente presenta dificultades debemos enseñarle a saborear el triunfo en su propia evolución, y jamás compararle. Debemos encontrar ayuda cuando nuestros hijos sufren por no poder afrontar las cosas propias de la edad. Los niños pueden autodestruirse por estas cosas a lo largo de su vida y llegar a la adolescencia con problemas. Son la fuente del fracaso escolar y la delincuencia, la violencia y otras lacras sociales...

— Todo lo contrario resulta cuando el niño y el joven vive un proceso feliz de éxito en todas sus cosas o aprende a valorar los éxitos y fracasos en una dinámica sabia y consecuente. La autoestima es positiva en ellos y pronostica seguridad y equilibrio personal. La autoestima es la expresión media de las cosas vividas en un sentido subjetivo. Este sentimiento personal profundo de aceptación o negación de sí mismo es un aspecto muy importante de la persona. Esta valoración es algo que se aprende ya desde el mismo momento en que nacemos. La autoestima es un valor variable para cada momento de la vida.

— La autoestima es algo que se educa. Haga que con usted su hijo viva de modo positivo sus progresos: en lo personal, en lo social, en lo escolar, en lo familiar... Tenga siempre presente que las primeras vivencias en relación a la autoestima están en la familia, en las caricias que la familia da; luego, en la escuela, y finalmente en lo social. La familia constituye la raíz de la autoestima básica. Influye la aceptación que se tenga de nuestro hijo. Los límites expuestos, el respeto y la permisividad, etc., forman parte del proceso básico de la autoestima.

— Influye el medio social y cultural donde la persona esté. La escuela después de la familia es el ámbito más importante donde nuestros hijos desarrollan su autoestima. La autoestima y el rendimiento escolar suelen estar muy relacionados, así como la baja autoestima y la conflictividad. Debemos positivizar a nuestros alumnos desde la verdad, y la realidad, no desde la mentira y la fantasía. Todos debemos aceptarnos tal y como somos. Y somos maravillas, al menos de la Naturaleza...

— La baja autoestima no surge por eventos circunstanciales: porque un día se dijo algo, nuestro alumno está triste; hubo una salida de tono, o cualquier otra cosa... La baja autoestima se genera cuando el ambiente personal, familiar y escolar de nuestro hijo está permanentemente «envenenado» desde la perspectiva psicológica, o sea, cuando estamos ante un proceso y no un acontecimiento

— Debemos, pues, potenciar el diálogo interno positivo. Cuando nuestro hijo crea en sus fueros internos ideas positivas sobre sí mismo/a crece en su autoestima positiva. No se trata, como ya hemos dicho, de generar ideas falsas, sobrevaloraciones inadecuadas, sino de activar aquellas que animan y motivan a las acciones positivas para que nuestros hijos se digan: «Soy capaz»; «Tengo que esforzarme y lo lograré»... Y que aquellos ambientes que le rodean le apoyen: «Eres capaz»; «Si te esfuerzas lo conseguirás»... Y con ello se aproximarán al éxito personal...

— Está muy claro que las expectativas que las personas tengan sobre nuestros hijo influyen en su autoestima, el modo en que nuestros hijo perciba a su familia y la escuela condiciona su conducta. Si sobre la escuela nuestro hijo dice: «Es un rollo»; «No quiero ir»... No se encuentra motivado por el ambiente donde está, es expresión de un pensamiento de autoestima bajo: «No valgo», lo cual produce en la persona ansiedad, tensiones, bloqueos, fallos en los hábitos de estudio y es la base del fracaso escolar.

Procurad que vuestros hijos se vean motivados por el ambiente donde estén. Que lo disfrute de modo positivo y se digan: «El cole está muy bien.»

Lo que en términos de autoestima significa: «Soy capaz»; «Significo»; «Puedo»...

Lo cual se traduce en: «Hago las cosas»; «Estoy dispuesto/a»; «Estudio»; «Planifico»... que es la base del éxito escolar y de la alta autoestima.

CAPÍTULO VII

EL FALSO TEMOR DE LOS PAPÁS A QUE LOS NIÑOS NO PUEDAN

Y ya que estoy hablando de éxito o de fracaso en la escuela, debo decirte que lo de la guardería y el colegio fue siempre para mis papás un tema estrella dentro de sus preocupaciones cotidianas. También desde que salí por primera vez de casa yo he vivido lo mío.

Era yo un bebé cuando mis papás me llevaron a un sitio donde, según cuentan —yo de eso ni me acuerdo—, lloré hasta quedarme vacío de lágrimas. Hoy soy capaz de compadecer a la señorita que me atendió, que por cierto fue para mí luego como una segunda mamá. Todo mi amor y mi afecto de aquélla época se dirigió hacia mi querida y dulce señorita.

Al tiempo que pasé llorando hasta que lo dejé de hacer, en la guardería lo llamaban periodo de adaptación. Todos los niños teníamos que adaptarnos durante un tiempo a la nueva situación.

Los peores momentos se localizaban la primera vez que dejabas el dulce hogar (cuanto más mayor fueras, peor, porque te dabas más cuenta). Otro de los peores momentos eran los lunes (habías estado unos días en casa con los papis haciendo cuanto te apetecía) y de nuevo volvías a tener que adaptarte. Otro momento negativo era después de unas vacaciones, y si habías estado con los abuelitos aun peor... Bueno, yo hablo por mi propia experiencia; sé de chicos y chicas de mi edad para los que la guardería era su lugar más feliz, se sentían como en casa.

Yo no; he sido por lo general muy afectivo y faldero, muy de mi casa y de mis familiares. Reconozco que eso te lo hace pasar mal. Cuando yo era bebé, tenía la edad de ocho meses, mi madre me dejó por primera vez toda una mañana en una guardería.

Dice mi padre que cuando fueron a por mí, yo les volvía la cara con gesto muy serio, como si no los conociera de nada. Se extrañaban de que un niño tan pequeño reaccionara de esa manera.

La verdad es que nosotros nos damos cuenta de casi todas las cosas. Los adultos no creen a veces en las capacidades que realmente tenemos. Esa falta de confianza fastidia un poco, es como si los adultos no hubieran sido nunca niños.

Mi adorada y querida educadora, con su preciosa sonrisa, de la que siempre procuraba estar muy cerca, un día se enfadó un poco con mi madre porque no se creía que yo pudiera dibujar algunos números.

—Es muy pequeño —dijo mi madre.

—¿Muy pequeño? —le respondió con sarcasmo mi adorada educadora.

—¡Sí!, es muy pequeño para hacer números.

—Ningún niño es pequeño en comparación con los niños de su edad —se quejó mi educadora—. El niño es pequeño si lo compara conmigo, pero no si lo relaciona con los chicos de su edad.

Yo estaba de acuerdo con mi adorada señorita. ¿Por qué éramos pequeños y con relación a qué y quién? Se fue muy dispuesta a una estantería de donde cogió un libro titulado *Cómo potenciar el talento de su hijo* y le leyó algunos pasajes que por su interés se transcriben aquí.

Mi madre se llevaba muy bien con mi adorada señorita, principalmente porque sabía que yo estaba muy protegido y le quedaba la seguridad de quedarme todos los días en buenas manos. Ellas dos se caían bien, por eso a veces, por cuestiones de educación infantil, discutían.

El autor de aquel libro se llamaba David Lewis y ha sido un autor muy leído por ahí. En la solapa del libro ponía:

«Todos los niños son potencialmente excepcionales. Los que pueden bloquear ese potencial son sus padres. Unos padres que rehúyan las innovaciones de sus hijos, que les fuercen a ser como los demás, que les creen vínculos de dependencia, que favorezcan a un hijo respecto de los demás o que pretendan hacer de sus hijos una continuación de ellos mismos, son del todo nefastos para un niño que podía haber sido un genio.

Ningún niño nace antisociable ni desprovisto de creatividad. Todos los niños, durante los cinco primeros años de su vida, pueden desarrollar sus capacidades creativas e intelectuales en grado sumo si los padres saben qué actitud tomar ante su educación y orientación. Si los padres saben evaluar el temperamento y el lenguaje corporal de sus hijos, si reconocen sus cualidades y saben cómo enriquecerlas, si les conceden la libertad de movimiento e investigación que precisan, si comprenden la importancia del juego, es probable que el niño se desarrolle por encima del nivel medio.»

Yo, como mi señorita sabía, podía hacer muchas cosas más; por eso cuando llegaba por la mañana y se hacía la asamblea donde todos en un corro saludábamos, se hacían ya cosas muy interesantes. Mi dulce señorita siempre nos tenía muy abrazados, y creía en nuestras capacidades. Nos trataba como si fuéramos niños listos.

* * *

Ella creía que nosotros los niños siempre podíamos hacer cosas increíbles. Por eso se hacían con ella cosas maravillosas e impensables para los adultos. Nos gustaba el tema de las imágenes. Ella nos estimulaba con láminas muy bonitas sobre familias de animales, pintores, músicos... Yo podía reconocer cuadros de Velázquez y nombrar muchos de ellos sin pestañear.

Un día fuimos al museo del Prado e íbamos recorriendo las salas en fila india; mi dulce señorita iba delante, y nos preguntaba cosas que ya sabíamos. Era mucho más bonito ver los cuadros de verdad que en fotografías.

Los adultos que nos rodeaban en el Museo sentían admiración, y eso nos gustaba; pero todo ello demostraba cuán inútiles pensaban los mayores que éramos los pequeños. Mi dulce señorita no solía hacer aprecio de esta admiración porque creía en nosotros, aunque ella siempre era atenta y educada.

Mi papá se quedó de piedra cuando le reconocí al vuelo alguna obra de música clásica y le dije de quién era. Yo no sé aún porque estas cosas resultan extrañas y alarmantes si no fuera porque a ciencia cierta los adultos piensan que somos más inútiles de lo que realmente somos.

A mí me gustan los cuadros de colores muy vivos, y vi que en el museo existían muchos cuadros oscuros y negros. También éstos me gustan mucho, pero más me gustan los de colores muy vivos.

Me agrada saber cosas de lo que pintan los pintores y por eso pregunto a mi señorita sobre los niños, ancianos, hombre y mujeres de los cuadros. Ella siempre está dispuesta a contarme preciosas historias que avivan mi imaginación.

Algunos adultos piensan que ir a un museo o escuchar música clásica es aburrido. Pero nada de eso es cierto. Quizá ellos piensen así porque ven en los cuadros muchas cuestiones técnicas, y eso a mí me interesará cuando sea mayor, pero ahora aprendo y disfruto de lo que hay en ellos. Yo estoy de acuerdo con Lewis cuando dice cosas como las que siguen:

«1.   Todos los niños tienen una necesidad natural, innata, de descubrir y explorar. No inhiba esa cualidad más de lo estrictamente necesario.

2.   Los niños aprenden acerca del mundo mediante la resolución de problemas. Necesitan resolver por sí mismos tantos problemas como sea posible, y tan pronto como sea posible. No les niegue esa oportunidad.

3.   ¡Ningún tema es complicado de por sí, y ningún niño es intrínsecamente estúpido! La falta de comprensión de un problema refleja la carencia de conocimientos sobre uno de los tres componentes de los problemas. La imposibilidad de resolver un problema puede siempre atribuirse a un fallo similar en la comprensión.

4.   Cuando el niño fracasa, considere el fracaso en base a los tres componentes de la resolución de problemas, no como un signo de inferioridad mental del niño.

5.   Compruebe primero que los supuestos han sido totalmente comprendidos: ¿Disponía el niño de toda la información básica requerida para producir una respuesta? ¿Ha sido seleccionada la serie adecuada de información?

6.   Ahora compruebe las manipulaciones: ¿Posee el niño las estrategias correctas para resolver el problema? Si es así, ¿han sido elegidas y utilizadas adecuadamente las correctas?

7.   Por último, verifique el contenido del objetivo: ¿Hablan el niño y usted el mismo lenguaje? ¿Comprende el niño lo que se espera de él?

8.   El fracaso también puede deberse no a una falta de información acerca de los tres componentes mencionados, sino a la incapacidad de usarlos correctamente. Suele ser el resultado de una inquietud excesiva.

9.   Sólo podemos descubrir si hemos resuelto un problema de modo adecuado o no a partir de la retroalimentación recibida.

Muchos juguetes y juegos que suponen algún tipo de solución de problemas ofrecen confirmación inmediata de una estrategia correcta. Usted debe procurar que el niño tenga la oportunidad de jugar con un gran número de éstos: rompecabezas, bloques de construcción que sólo se ensamblen de una manera determinada, camiones de juguete que sólo puedan funcionar si se insertan figuras con formas distintas en las ranuras correctas, y cosas por el estilo.

Pero los niños también dependen en gran manera de las reacciones de los adultos. Recuerde que buscan dos clases de retroalimentación procedente de usted: confirmación de que hacen bien al realizar una tarea en particular e información acerca de la habilidad con que será realizada. Es pues prudente evitar reacciones excesivamente críticas, y no decirle jamás al niño que es estúpido, descuidado, carente de habilidad o menos capacitado que un hermano o hermana.

Fomente el deseo de abordar problemas y realizar intentos. Si los errores son triviales, ignórelos al principio.

10.   Mientras fomenta y refuerza los intentos de resolver problemas, recuerde que usted constituye también una fuente primordial de realidades acerca del mundo para los menores de cinco años.»

Lewis explicaba muy bien lo que mi dulce señorita sentía y hacía diariamente con nosotros. ¡Qué importante es que el adulto que nos rodea tenga confianza en nosotros! Si no tiene esa confianza que los niños precisamos, nos hacemos inútiles totales, dejamos de confiar en nosotros mismos.

Mi tío, que aunque siempre le había considerado un profesor más tonto de lo normal, decía que cuando sentía que alguien pensaría que no podía, él se encontraba que era así, pero que si alguien mostraba confianza en que podía, él lo hacía mucho mejor. No es que fuera una lumbrera lo que mejoraba, pero era más eficaz.

Me contó que cuando él estuvo interno en un colegio de curas se le daban mal las matemáticas y rezaba para que la virgen le ayudara a aprobar. Y aprobó. Su profesor de matemáticas tenía que ver mucho en su éxito, pues le dijo de manera muy convincente.

—¡Mira!, si en matemáticas has sacado un notable, significa que en las otras puedes sacar otro tanto o por lo menos aprobar.

Él dice que le han pasado muchas cosas en la vida de las que no se acuerda, pero estas anécdotas que suceden en breves instantes, nunca se olvidan. ¿Por qué?, porque sencillamente son muy importantes.

Nunca consideres que un niño es pequeño para hacer aquello que puede hacer. Si es capaz de hacerlo, dale la oportunidad de que lo intente. Nunca trates de obligarle. Todo debe surgir de una manera natural y es el niño quien marca el ritmo, quien pide más, y es él el que pide más porque disfruta.

Mi dulce señorita, como ves, siempre llevaba mucha razón al confiar en nosotros. Siempre partía de nuestras necesidades y ponía punto final cuando veía que determinados problemas nos rebasaban. No nos forzaba.

Todo tenía un aire de juego. El adulto que crea que los niños no tenemos límites se confunde. Los niños tenemos un gran potencial, pero hay que saber desarrollarlo.

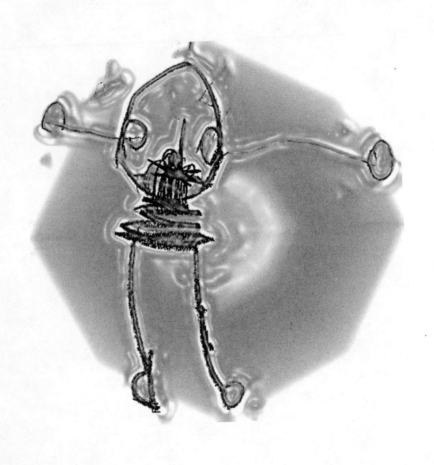

CAPÍTULO VIII

MIS PAPÁS TUVIERON QUE SERENARSE HASTA QUE ME ADAPTÉ AL COLEGIO

Fue fácil adaptarse cuando llegué a la guardería. Mi papá y mi mamá siempre estuvieron preocupados por esa primera vez. Yo creo que eran más sus temores los que obraban en ellos que mi capacidad real de adaptarme a la nueva situación.

Recuerdo haber visto a algún papá merodear por la guardería para ver qué hacían sus hijos. Hasta que los papás se acostumbran a estas circunstancias y piensan que sus hijos están bien en la guardería o el colegio pasa un tiempo, o lo tienen superado porque no sea el primer hijo que pasa un trance de este tipo.

En mi colegio mi dulce señorita daba a los padres al principio de curso en una reunión que tenía con ellos explicación de lo que iba a trabajar con nosotros. También aprovechaba en dar información sobre cuestiones por las que los papás estaban inquietos.

Mi mamá, como yo era su primer hijo, iba sin pestañear a todas las reuniones y citas a las que le convocaban. Eso denotaba lo mucho que le inquietaba todo lo que se relacionaba conmigo. Mi dulce señorita le habló sobre algo que consideraba muy importante, y le dio un pequeño documento escrito por ella:

«Entendemos por período de adaptación todo aquel espacio de tiempo en el cual su hijo o hija está en un proceso continuado de aceptación, asimilación y manejo del medio escolar en sus múltiples facetas; después de este período de tiempo, el niño o la niña logra producir una simbiosis con este medio social, que le permite un nuevo desarrollo de la personalidad y sus capacidades complementarias, y de una gran riqueza a la que ya ha vivido en su medio familiar. Durante el periodo de adaptación al Centro concurren una serie de factores que son los que favorecen que el tiempo de adaptación, a lo largo del primer trimestre, sea más o menos largo, más o menos corto, o casi sin existencia. Estos factores son los que hay que tener presentes en casa y con la profesora de vuestros hijos: El fenómeno de la afectividad, la relación con sus iguales y con los adultos que le rodean —principalmente con su profesora o educadora—, los juegos, la comunicación, son objeto a considerar en período de adaptación.

Actitud hacia el centro (o adaptación): Durante el periodo de adaptación a la escuela infantil concurren una serie de factores que son los que favorecen que el tiempo de adaptación, a lo largo del primer trimestre, sea más o menos largo, más o menos corto, o casi sin existencia.

Entendemos que durante el primer año de la vida estos factores adquieren un especial sentido afectivo y de relación y comunicación humana muy especial; no se pueden entender tal y como se desarrollan posteriormente aunque son la base de ello.

Nos interesa observar del niño pequeño todas aquellas reacciones que tiene al llegar al centro; al principio debe ser de novedad y a lo largo del primer trimestre debe lograr vivir en el centro con cierta familiaridad, o sea, establecer una especie de segundo hogar. Cuando con dulzura logramos esto del niño pequeño ciertamente su actitud tiende a ser positiva y adaptada.

La adaptación a la profesora-educadora es muy importante tenerla en cuenta en el período de adaptación general. En educación infantil principalmente la profesora suele ser una figura de carácter psicológico sustitutorio de la madre. El niño o la niña suelen ver en las educadoras una proyección de la figura materna. De aquí lo importante que resulta observar cómo se relaciona con ella. Existen varias modalidades de relación, que no son en sí ni buenas ni malas. Y la dirección normal es que al principio sea de cierta dependencia (llamadas de atención de la señorita), y con el tiempo se torne en independencia (está más con sus iguales), lo que indica un proceso de socialización. Si la figura es la de un profesor-educador la persona sustitutoria es la del padre...

La escuela, después de la familia, es el segundo lugar social para el encuentro con sus iguales. Aquí se viven las primeras vivencias sociales de carácter no familiar. Su importancia es enorme en relación a la socialización. El hijo único encuentra aquí la experiencia con el semejante, y junto con los demás se introduce en la dinámica del grupo como una nueva experiencia. Debemos ser pacientes, la integración social cuesta. Hemos de darles un tiempo para que logren una buena adaptación a este factor. Unos llegan antes y otros después.

Un niño ya adaptado es fundamentalmente un niño que juega. Con el juego el niño se construye a sí mismo. Es capaz de entender «a su manera» el mundo que le rodea, potencia la relación con sus iguales y los adultos. El juego es emoción, inteligencia, aprendizaje, experiencia, fantasía... Es muy importante que el niño elucubre con otros niños...

Fundamentalmente este factor está en relación al inicio del desarrollo de la capacidad de atención-concentración. El niño presta más atención cuando está más adaptado al medio en el que tiene que hacer ciertos esfuerzos. La mejora en las actividades educativas tiene que ser progresiva. Todos los profesores-educadores notan que es hacia finales de curso cuando los alumnos aprenden con más facilidad. Al principio la actividad es más dispersa, luego es más concentrada...

Todo este conjunto de factores, y otros, hacen que el niño/a se adapte mejor o peor, «antes o después».

Como puedes observar, mi dulce señorita se tomaba muy en serio este tema de la adaptación.

Mi tío dice que en su época no había mucha consideración a temas como estos. Los niños se adaptaban como bien podían. Él recuerda haberse escolarizado con seis años.

La primera vez que fue al colegio lo pasó realmente mal. Todo era allí inmenso y había niños de todas las edades, que iban y venían. Fue una eternidad el primer día que fue al colegio hasta que sus padres llegaron.

«En la actualidad, todas estas cosas son diferentes», dice mi tío, a quien le gustan mucho los temas de educación.

Por entonces yo tenía tres años y leyó un artículo del MEC que se titulaba «Educar a los tres años». Se daban algunos consejos a los padres. Decía:

«El Centro debe poner todos los medios a su alcance para facilitar la adaptación del niño que se incorpora a los tres años a la Educación Infantil.

Todo lo que se refiere a la adaptación adquiere un significado especial. El niño debe aprender a convivir en un entorno distinto al que le ha acogido hasta ese momento (el familiar) y a relacionarse de forma diversa a como lo ha hecho hasta ahora. La necesidad de compartir personas significativas, juguetes, espacios, etc., así como la separación de la casa y de los padres, se presenta en el Centro como algo inherente a su propia estructura y funcionamiento, y como exigencias que resultan de ello.

El periodo de adaptación es muy importante si consideramos todo el proceso que el niño ha de construir desde una situación conocida, su ambiente familiar, a una desconocida, el ambiente escolar. Ambos ambientes están constituidos por códigos de relaciones, espacios, materiales, personas y organizaciones particulares y distintas.

En el fondo, además del desconocimiento del nuevo ambiente, concurren procesos efectivos complejos en los que el niño está inmerso; nos referimos a la separación de las personas queridas, a la autoafirmación personal, a la adquisición de habilidades básicas de convivencia. todas ellas de gran trascendencia en el proceso de socialización y de construcción de la persona.

Desde esta perspectiva conviene recordar que cuando hablamos del período de adaptación nos estamos refiriendo al «trabajo» que el niño realiza, él es el protagonista y artífice de un proceso personal con variada duración en el tiempo, según cada niño. Un conjunto de vivencias internas de gran complejidad desde el punto de vista afectivo que implican a la persona en su con-

121

junto y, por tanto, se traduce en diversas conductas de índole somática, afectiva, cognitiva, relacional, etc.

Este desequilibrio, que se produce necesariamente al inicio de la escolarización, es cualitativamente de características peculiares para cada niño, dependiendo de su manera de ser y de las circunstancias que condicionan este proceso. Es en este sentido en el que reflexionaremos, precisando la actitud de ayuda que se le ha de prestar por parte del adulto, sus familiares y educadores.

Frecuentemente, las manifestaciones externas que el niño realiza constituyen un conjunto de síntomas variados, y aunque el niño de tres años utiliza el lenguaje verbal, a menudo utilizará otros lenguajes y reacciones que, de no estar atentos, pueden escapársele al adulto.

La ansiedad, la angustia, el miedo a lo desconocido, la pena y otros sentimientos de desprotección e inseguridad, de no saber qué pasará. cuándo volverán a por él, el abandono y la soledad; todo esto es de muy variada y difícil expresión.

Pero también se dan variadas sensaciones en los padres que al confiarnos a sus hijos experimentan un cúmulo de sentimientos a menudo contradictorios.»

Mercedes Conde precisa:

«Los padres tendrán una influencia en este momento que viene determinada por cómo esta misma, ellos, vivan la separación: sus temores, sus expectativas, su ansiedad, su angustia, su seguridad o inseguridad en el paso que han dado, su grado de confianza en las posibilidades del niño y en la institución.

Todo ello es transmitido y captado por el niño. Hasta tal punto percibe estas actitudes internas parentales que, en muchos casos, movido por su deseo de agradecerles y por la necesidad que tiene el niño de ellos, responde inconscientemente a estas actitudes. Así, si la madre vive con dificultad este momento, el niño va a reclamarla con ansiedad, y va a vivir la adaptación como algo inseguro y peligroso, dificultándose enormemente la evolución del proceso. El niño no es una simple respuesta mecánica a las actitudes y sentimientos parentales, él tiene sus propios sentimientos; pero si éstos coinciden con los de los padres (familia-madre) suponen, en su vivencia, una confirmación, una constatación que va a estancar su evolución. Si un niño acepta con desconfianza, con inseguridad, un centro y percibe en los adultos en que se apoya, en quienes confía, que ellos lo ven igual, lo sienten igual, ¿cómo puede confiar?, ¿cómo podrá estar seguro? ¿No es fácil entender que le invada una profunda angustia al quedarse solo en un lugar tan dudoso? Lógicamente es impensable que pueda poner en duda lo que percibe en sus padres, que son lo único seguro que tiene, que son, en su mente, dioses omnipotentes... Queremos resaltar aquí la importancia de los contactos positivos previos de la familia con el educador y la institución. Nos parece fundamental porque hemos constatado que existen dos tipos de confianza: aquella en que no hay otra razón para desconfiar, y otra que parte de la seguridad de lo que se conoce.»

He oído decir a un adulto que todo camino comienza a andarse desde un punto, el resto parece que consiste en andarlo y andarlo hasta llegar a un lugar indefinido. Decía este hombre sabio que eso era la vida, un camino. En la escuela todo parte de una buena adaptación. A mí particularmente no me ha ido mal, pero sé de otros que lo pasaron fatal.

CAPÍTULO IX

PAPÁ Y MAMÁ DICEN: «¡CUÁNTO HAY QUE SUFRIR HASTA QUE SEAN MAYORES!»

A mi lado tenía a una chica que solía faltar con bastante frecuencia, vomitaba y su madre creía que le pasaba algo malo; la llevaron al médico, pero el pediatra decía que no le veían nada especial. Trataron de convencer a los padres de que todo era psicológico, pero, ¡nada...!.

Mi compañera tenía un hermano más pequeño que ella. Yo sospecho por propia experiencia que tenía algo de celos.

—Le quiero sólo cuando se porta bien —decía.

Le entraban ganas de devolver sólo cuando venía al colegio, y se ponía muy nerviosa; así que lograba tener muy atentos a sus padres alrededor de ella. Yo temo que lo que quería realmente era llamar la atención y así lo conseguía. Los padres, muy preocupados, fueron de psicólogo en psicólogo y todos decían lo mismo. Uno les preguntó directamente:

—¿Qué deben hacer ustedes?

—No lo sé —dijeron—; por eso estamos aquí, para que nos lo diga.

—Bien. No hagan nada. No se preocupen. No den ninguna respuesta a su hija. No atiendan a la demanda de atención que ella reclama. Deben darle afecto, pero marquen ustedes lo momentos en que se lo expresarán.

Los vómitos empezaron al nacer su hermano, cuando estaba en casa con su tía por motivos de su nacimiento. Como eso preocupó en su entorno comenzó a usarlo sistemáticamente como una forma de manejo. Luego se hizo algo que usaba contra todo lo que no le gustaba mucho. Por ejemplo, para no ir al colegio.

Los padres hicieron lo que se les pedía y en un plazo de tiempo corto todo el problema se resolvió. Mi compañera fue una chica normal.

En el colegio nos suceden muchas cosas; cada uno de los niños somos un mundo, y reflejamos lo que nuestras familias son. En parte los niños imitamos todo lo que vemos.

Un chico de cursos superiores a los míos es muy famoso en mi colegio por su conducta. Hay chicos que tienen unas conductas muy raras. Detrás de ello siempre hay algún tema familiar. Unos padres y unos hermanos.

Este chico siempre parece que hizo en su casa lo que quiso. Su madre ahora está enferma, muy grave, y eso de alguna manera le está afectando. Los acontecimientos que provocan inestabilidad emocional y afectiva negativa hacen que las personas se vuelvan raras; con los niños eso es mucho más verdad y más evidente.

Así pues, este muchacho andaba siempre metiéndose en líos con todo el mundo. Tenía conflictos sociales a diestro y siniestro. ¿Por qué?, se preguntaba todo el mundo.

Hay personas que proyectan sus propios conflictos internos hacia fuera. Es decir, que si tienen alguna inestabilidad emocional pueden proyectarla sobre los demás en forma de disputas continuas, mal humor, enfados... También hay personas que acostumbran interiorizarla. Es decir, que su inestabilidad emocional la dirigen en forma de comportamientos como retraimiento, inhibición, timidez... Así que cada cual trata de solucionar sus cosas de muy diversas maneras. En el colegio cada uno de nosotros hacemos muchas cosas que se explican por cómo son nuestros padres, nuestro ambiente familiar.

Había un chico muy tímido en mi clase que nunca preguntaba nada; aunque a todo el mundo caía bien, él procuraba siempre pasar inadvertido. Todos en la clase, principalmente mi señorita, se preguntaban:

—¿Por qué será tan tímido este chico?

Todos sabíamos que su madre le protegía mucho. Todo se lo hacía; así que tenía muy poca autonomía. Se veía que su iniciativa siempre estaba limitada. No sabía tomar ninguna decisión. Era el menor de los hermanos. Bueno, sus hermanos eran ya muy mayores.

Este es el peligro que corremos cuando nuestros papás nos sobreprotegen, que luego a la hora de enfrentarnos por nuestra cuenta a la realidad que el colegio presenta no sabemos reaccionar. A la madre le preguntaron:

—¿Hace las cosas solo?

—No, yo le vigilo y le ayudo en todo. ¡Es tan tímido!

—Le aconsejo una cosa: ¡Deje que haga las cosas solo! ¡Él puede...!

Hay papás que realmente niegan todo aquello que no concuerde con la idea que ellos tienen de lo que es un hijo.

En mi clase también tenemos a un chico que le cuesta mucho comprender lo que el profesor pide. Dicen que tiene problemas de comprensión. Cuentan que de pequeño tuvo al nacer algún problema y que por eso quizá le cueste tanto porque le afectara a su capacidad de aprender.

El psicólogo ha intentado aplicar alguna ayuda extra, pero sus padres niegan las dificultades de su hijo y no desean darle una escolaridad diferente a la que recibe. Hay padres que les cuesta ver los problemas de los hijos, y esa negación lleva a perjudicar más si cabe al hijo.

Los niños somos así víctimas de la poca flexibilidad de los padres. Eso no significa que esos padres no quieran a sus hijos, ni mucho menos; los quieren, pero con un mal enfoque. Este compañero dicen que cada curso tendrá más dificultad para seguir los aprendizajes, y si no se remedia, alguien teme que termine siendo como un mueble dentro del aula, en el sentido de que no se enterará de nada. Pero bueno, a veces los padres tienen un excesivo poder sobre estas cuestiones....

Cuando llegamos a escolarizarnos, los niños cambiamos de ambiente y tenemos que adaptarnos a la nueva circunstancia, y como le puede suceder a cualquier adulto, eso crea una cierta tensión interior. La verdad es que puede angustiarnos.

Pero las cosas están cambiando. Antes los niños iban muy mayores al colegio (a los seis años); ahora solemos estar mucho antes. En eso nos beneficia la escuela, pues desde muy pequeñitos estamos ya acostumbrados a estar con nuestros iguales.

Yo comencé de bebé. Por eso el ir a un colegio nuevo ha sido relativamente fácil. Pero hay muchos niños que rechazan el colegio.

Sobre todo lo mencionado hay un psicólogo que retrata muy bien estas situaciones. Dice:

«La primera reacción del niño puede ser el rechazo escolar. Son muchos los niños que se oponen activamente a ser llevados a la escuela. La negativa puede manifestarse simplemente en actitudes negativas y rabietas. El niño no quiere ir al colegio y recurre a toda una serie de trucos para conseguir su finalidad. Se quejará de que le pegan sus compañeros, de que el profesor es demasiado riguroso, de que hace mucho frío por las mañanas, etc. Las madres inestables pueden colaborar en el rechazo escolar, angustiándose ante el temor de su hijo. No lo llevan a la escuela o lo hacen de un modo irregular, aprovechando cualquier situación exterior —enfermedad del niño o de algún familiar, epidemias de gripe, frío, lluvias, etc.— para que el niño se quede en casa y no vaya a la escuela. El niño que rechaza la escuela, cosa bastante frecuente, nos está indicando que no ha realizado los procesos evolutivos necesarios para relacionarse con los iguales y que, por tanto, sigue dependiendo emocionalmente de los mayores. Lo habitual es que, pasado un cierto tiempo, el niño se integre en el grupo de sus iguales y vaya con gusto a la escuela.

El rechazo escolar no se produce siempre de esta forma directa. Es posible que el niño recurra a una serie de mecanismos psicopatológicos para conseguir su finalidad de seguir en casa. Lo más frecuente es que se queje de enfermedades más o menos imaginarias. La madre, entonces, se preocupará de él y no verá en la escuela el medio adecuado que mejore la salud de su hijo. Estos niños enfermizos faltan en exceso a la escuela y buscan en la enfermedad la protección que están siempre en trance de perder. Toda serie de síntomas psicosomáticos e histéricos pueden ser desarrollados por el niño con esta finalidad. Son bastante típicos los vómitos matinales. El niño se pone a vomitar por las mañanas, expresando así su rechazo de la escuela. Es frecuente que los días de fiesta, cuando el niño no tiene que ir a la escuela, los vómitos estén ausentes. Indudablemente, en el rechazo escolar influye también la personalidad del maestro o la maestra. Si son personas excesivamente poco gratificantes, el niño se sentirá angustiado ante esa nueva figura materna o paterna, que tiene ella sola que protegerle de los demás compañeros. Niños que se adaptaron bien a la escuela pueden presentar el rechazo que estamos describiendo cuando les cambian de profesor. Ni que decir tiene que existen muchos profesores que neurotizan en exceso a los niños y que favorecen con su comportamiento neurótico el rechazo escolar de sus alumnos. Generalmente, se trata de personalidades inmaduras, que ven en sus alumnos más bien rivales que niños. Incluso el motivo de su elección profesional fue probablemente el deseo de dominio.

El comportamiento escolar del niño puede adaptarse a las normas de convivencia o, por el contrario, oponer una fuerte resistencia. El niño no rechaza directamente la escuela, pero se opone sistemáticamente a todas sus normas. No cumple ninguna orden del maestro y adopta actitudes francamente negativas. Con sus compañeros se muestra agresivo, promoviendo toda suerte de discusiones y peleas. Los castigos no consiguen otra cosa que crear un círculo vicioso. Los sentimientos de culpabilidad del niño aumentan y tiene que defenderse de ellos, dirigiendo su agresividad al exterior. Son los niños que hacen novillos, que roban, mienten y se sitúan ya al margen de las normas establecidas. Es frecuente que en estos casos se hable de comportamiento psicopático. Sin embargo, nosotros no debemos olvidar que los problemas que provoca la escuela en el niño no salen de la nada, sino que ponen en movimiento una serie de cuestiones que había reprimido en su inconsciente. La escuela es vivida por él como una nueva vida familiar. Emplea en ella los esquemas aprendidos; las agresiones y las defensas que tenía en su inconsciente.

El cuadro opuesto es el del escolar modelo, mucho más aceptado en el ambiente escolar. Es el niño que se somete incondicionalmente a todas las normas escolares. Realiza todos los deseos del maestro. En los casos más extremados se trata de niños con actitudes masoquistas, que se someten gustosamente a las instancias «superyoicas», representadas en la escuela por el maestro. Estos niños modélicos son mal aceptados por sus compañeros, porque representan la sumisión incondicional a la autoridad paterna. El niño modelo se ve así sometido al rígido control «superyoico» y sin la colaboración emocional de sus iguales. Es una personalidad conflictiva neurótica.

Una de las finalidades de la escuela es que el niño realice un aprendizaje escolar. Para este aprendizaje es necesario un cierto desarrollo intelectual. Los programas escolares deben estar de acuerdo con el desarrollo intelectual que el niño tiene.»

El colegio es una maraña de circunstancias personales. Hay mucha gente que no rinde porque está en otras cosas. ¿Cómo no va a estarlo?

Ella es una niña preadolescente y ya le tiran mucho los chicos. Está con unos y con otros, tontean, está en la edad del pavo...

Sus padres tienen poca autoridad con ella. La adoptaron cuando era muy pequeñita, y eso lo utiliza frecuentemente como arma arrojadiza. Todo el día está peleándose con sus padres.

Su madre se opone a todo lo que hace. Su padre una veces le deja hacer y otras no. Les tiene cogido el pan entre los brazos y realmente hace lo que le da la gana. ¿Por qué? Porque los padres tienen miedo de que ella haga cualquier día alguna tontería. Los padres tienen miedo y ella lo sabe, y eso lo utiliza para salirse con la suya.

Ya apenas estudia y todos los profesores están encima, pues su rendimiento escolar es muy bajo... Lo que más le gusta es que se fijen en ella, que la estimen, que la aprecien, que tengan atención.

El psicólogo de mi colegio parece que aconsejó a los profesores y a los padres que sería bueno darle atención, pero negociando con ella comportamientos y actitudes positivas. Parece que esto ha funcionado.

En mi colegio somos muchos alumnos y cada cual con sus circunstancias; por eso los profesores tienen también mucho mérito. Hay tanta diversidad... Los hay que son modélicos, pero aun éstos tienen siempre alguna cosa por la que sería bueno ayudarles.

El más listo de la clase es un alumno que lo pasa fatal cuando come, pues vomita. Todo lo hace bien y se deja conducir. Pero es excesivamente nervioso y está siempre muy preocupado por intentar hacer todas las cosas muy bien. Está tan atento por hacer todo de una forma perfecta que eso mismo le hace ponerse nervioso.

Cuando se pone muy nervioso se angustia. Esa angustia la ha transformado en vómitos cuando come. Eso le fastidia, pero no puede evitarlos. Está intentando controlarlo y con el tiempo lo controlará.

CAPÍTULO X

EL TEMOR DE PAPÁ Y MAMÁ
A QUE ME DESMOTIVE

¿Por qué los niños y los adolescentes nos desmotivamos? Esa es una cuestión importante. Es posible que no nos encontremos realizados o que las cosas que nos proponen nos parezcan intrascendentes. Muchas desmotivaciones entre mis compañeros son consecuencia de causas muy diversas. No es que no les gustara exactamente estudiar, sino que también lo que se hace en el colegio no les llena...

Una niña de trece años de mi colegio tiene una cara que si la vieras dirías que esa chica está eternamente aburrida. Si le dices que haga algo su indiferencia es enorme.

Su padre, que es militar, anda diciendo de ella que no le da la gana estudiar. Pero la verdad es que a ella le cuesta entender. Su gesto actual y su indiferencia se deben a la enorme dificultad que ha tenido para hacer un seguimiento de los aprendizajes y finalmente lo que se le ha generado es un rechazo total por eso que le cuesta tanto.

Por otro lado, nadie ha intentado ayudarla desde su dificultad. Ahora su arma es la indiferencia más absoluta. Hubo alguien que comenzó a resaltarle lo que hacía bien, con buenas palabras y ánimos. Con esa persona responde más y hasta parece que ha mejorado su rendimiento.

Muchos mayores parece como si vieran en nuestra desidia algo que ya arrastramos desde la cuna, cuando lo que habría que plantearse es si lo mejor para cada uno de nosotros es lo que hicieron en nuestro entorno con nosotros.

Los colegios deben entender con claridad que lo que impera es la diversidad. Así pues, en ese sentido los colegios deben tratarnos de un modo diverso.

Las diferencias entre nosotros, las que son percibidas como positivas, suelen crearnos motivación y ánimo (reconocen que somos capaces, inteligentes, sociables...); muchos conflictos aparecen cuando los demás perciben nuestras diferencias como negativas (nos dicen de continuo que no somos capaces, que no valemos, que nos cuesta...); eso, aunque sea indirectamente expresado, y aunque no exista ninguna mala intencionalidad, produce desmotivación, nos lleva al fracaso escolar.

Es curioso que muchas veces fracase tanto el superlisto como el tonto. ¿Por qué? El sistema falla. Este es el reto que tiene ahora planteado la educación en nuestra sociedad. Se habla de calidad en la enseñanza...

En mi colegio los niños presentamos muchas situaciones diversas. Es muy importante el éxito o el fracaso que tengamos con lo que aprendemos. En la escuela aprendemos a leer, a escribir, a emplear las matemáticas...

136

Estos aprendizajes son básicos para poder aprender otras cosas con eficacia. Son muchos los compañeros míos que tienen dificultades en estos asuntos. Por ahí, la gente entendida, dice que se tienen problemas de dislexia, de ortografía, de cálculo... y que para esas dificultades hay que actuar para superarlos, ya que esos aprendizajes son primordiales.

Pero existen papás que niegan estos problemas y dicen:

—Ya aprenderá.

Hay que afrontar las cosas. Hoy día todas esas dificultades básicas pueden ser superadas con una buena metodología psicopedagógica de apoyo. No se debería dejar a ningún alumno que por sí solo tenga que solucionar esos problemas, o en otro caso: ¿cómo podemos extrañarnos de que esté desmotivado?

En este sentido nos dice el psicólogo mencionado anteriormente:

«Con frecuencia se diagnostica de dislexia a todo niño que llegada la edad de comenzar a leer no lo hace o lo realiza con mucha dificultad. Un diagnóstico de este tipo viene a ser un cajón de sastre en el que se incluyen los casos más diversos. Debemos diagnosticar de niño disléxico sólo al que presenta una dificultad para la lectura teniendo un desarrollo intelectual suficiente. Este es el criterio de Hinshelwood. Como señala Hallgren, estos niños disléxicos que leen mal presentan generalmente unos rendimientos superiores o normales en otras materias como la aritmética o las matemáticas. Su nivel mental es adecuado a su edad y a los compañeros de su clase; sin embargo, en la lectura se muestran clara y caricaturescamente retrasados.

El estudio de las dislexias resulta hoy día extremadamente confuso, pues ni el cuadro clínico ni la patogenia responden a criterios unitarios. Como señala Jadoulle, la dispersión de errores que comete el niño, por una parte, y la falta de estabilidad en el error mismo, por otra, son los factores que tornan tan azaroso y poco satisfactorio el estudio de las dificultades para el aprendizaje de la lectura y, en consecuencia, de las dislexias.

Se ha comprobado que existe una relación entre la dislexia y las alteraciones oculomotoras, del lenguaje, de la orientación derecha-izquierda, de la percepción del ritmo y del esquema corporal. Lesèvre describió alteraciones oculomotoras en los niños disléxicos. Roudinesco encontró un 52 por 100 de alteraciones de lenguaje en los niños disléxicos y Borel-Maisonny, un 70 por 100. Galifret-Granjon encontró que los niños disléxicos entre los siete y los diez años fracasan más en la distinción de derecha-izquierda que los demás niños. También se ha comprobado que los niños zurdos presentan con más frecuencia dificultades de lectura. En realidad el niño disléxico no tiene organizado adecuadamente su esquema corporal y encuentra dificultades a la hora de traducir los signos de la escritura en expresiones fonéticas. Para Jadoulle existe una buena relación indiscutible entre la buena organización del espacio perceptivo y la posibilidad de encauzar el estudio de la lectura. De las lateralidades cruzadas parece ser la de ojo-mano la más importante.

Muchos autores, como Hallgren, Launay y Diatkine, han puesto de manifiesto las alteraciones efectivas de los niños disléxicos. La dificultad reside en determinar si los conflictos emocionales son la causa o la consecuencia de sus problemas con la lectura. Para Diatkine los niños disléxicos presentan una investición narcisista del lenguaje que les impide considerarlo como un objeto más de estudio y análisis. Las influencias del mundo exterior les resultan a estos niños demasiado angustiosas, y las alteraciones de lectura podrían ser consideradas, incluso, una defensa. El niño disléxico readaptado muestra posteriormente inestabilidad, indisciplina y dificultad para seguir las enseñanzas escolares. Ajuriaguerra pone de manifiesto que muchos de estos niños muestran una dificultad general para someterse a todo tipo de reglas y piensa que una mala lateralización no debe ser considerada la causa única y esencial de la dislexia.»

Y es que cuando vamos a la escuela y comenzamos a aprender se corta mucha miga, y los padres y profesores deben estar muy atentos a todo esto...

CAPÍTULO XI

MI PAPÁ Y MI MAMÁ DICEN QUE LOS NIÑOS TAMBIÉN NOS ESTRESAMOS

Dicen de nosotros los niños que andamos ya tan estresados como los adultos. ¿Cómo es posible que un niño pueda estresarse? Pues, ¡sí!, los niños nos estresamos; incluso existen estadísticas al respecto del estrés que padecemos los niños si eso se entiende como estados de ansiedad y de depresión negativas.

Casi un 50 por 100 de los niños padecen en algún grado este mal. La vida alocada y neurótica de nuestra sociedad nos afecta. Si los papás andan estresados, ¿por qué no íbamos a estarlo los niños?.

Para tratar de dar respuesta a por qué existen niños estresados deberíamos tratar de analizar el contexto que rodea al niño: ¿qué familia y qué colegio tiene el niño?

Dicen que en el mundo actual los niños somos los reyes de la casa y en muchos casos somos incluso una especie de tiranos. La tiranía dicen que está en que hacemos nuestro capricho con un grado y una ilimitación jamás antes conocida.

Quizá también es que con papás tan ocupados los niños nos guiamos como buenamente podemos, y en cualquier caso nuestros estresados padres no están para dedicarnos el tiempo necesario o emplear una comunicación conveniente con nosotros.

¿Qué ganamos con que nos den todas las cosas materiales de mundo cuando también necesitamos que nos pongan límites y que nos enseñen a valorar las cosas auténticas de la vida?

Nosotros estamos estresados como nuestros papás, y angustiados como ellos por las cosas cotidianas de la vida. Los niños formamos parte del mundo aunque ellos no lo crean. Si la sociedad de los adultos está presidida por el sentido del triunfo, nosotros ratificaremos esa actitud intentando ser triunfadores también. Esas actitudes generan a veces muchos problemas y muchos males de fondo.

Mi profesora dice que a los niños de mi edad hay que hacerles adquirir actitudes. Al principio no entendía lo que quería decir, pero luego lo comprendí un poco más. Mi profesora le dijo a otro profesor de alumnos mayores:

—¿Cómo pueden comprender lo que significa ser tolerante y entender en profundidad la explicación y el sentido de una ideología si de pequeños no vivieron como actitud lo que es la tolerancia?

—¿Y cómo se educa esa actitud en niños muy pequeños...?

—Se educa haciéndoles vivir actitudes reales de tolerancia con relación al entorno.

—¡Muy bien...! Pero, ¿cómo...?

—Haciéndoles conscientes de las cosas que les rodean hacia las que tienen que adquirir un sentido real de tolerancia. Por ejemplo, si eres niño tienes que ser tolerante con las niñas, o a la inversa, tolerantes a las personas mayores, o ser tolerantes a los que tienen una piel de otro color, o los que físicamente son diferentes a ti mismo.

—Bueno, entiendo que en mi época de estudiante —dijo el profesor de alumnos mayores— los pequeños éramos muy crueles. A los que llevaban gafas se les llamaba gafotas. ¡Yo fui uno de esos gafotas!, y sabe Dios que lo pasé muy mal...

—¿Ves? Si en tu escuela hubieran educado el valor de la tolerancia eso no hubiera sucedido. Te hubieran evitado ese dolor. Creo que al mundo se le evitaría mucho dolor si a los niños se les inculcaran actitudes positivas de respeto.

—Pero, hoy día, ¿como se educa esto...?

—En mi clase tenemos los libros que vienen con ilustraciones de niños con gafas, o gente de color, o niños impedidos físicamente, sobre los que hablamos. En nuestros cuentos y las historias de los libros ellos son protagonistas importantes. Los niños aprenden no sólo a tolerarles, sino a admitirlos como seres con muchas cosas positivas.

—¡Me parece genial! Si un niño aprende a tolerar al prójimo respetándole y tiene por él una actitud positiva, a mí como profesor de historia me va a resultar bien fácil explicar el sentido diabólico de una ideología como la del nazismo.

—¡Claro!, ese es el camino...

Mi profesora pensaba que las actitudes eran educadas fundamentalmente en las casas. Las familias eran las que inculcaban en los hijos buenas o malas actitudes. ¿Cómo son hoy día las actitudes de los adultos hacia los niños...?

Fui con mi papá al parque y nos encontramos con un niño de unos diez años de edad. El muchacho vestía con chupa de cuero negra, sobre la que tenía clavadas chapas de motivos muy diversos, y llevaba el pelo rapado como un soldado del ejército.

Parecía algo violento en su aspecto. La expresión del cuerpo y la vestimenta es el reflejo del alma. Tenía dos perros, uno grande y otro pequeño. Fui y toqué a los perros para acariciarlos y le preguntamos cómo se llamaban, y dijo:

—Roqui y Tobi.

Mientras lo acariciábamos el niño exclamó con ira:

—¡No toquéis a mis perros! ¡No os acerquéis a ellos!

Nos quedamos sorprendidos al ver tan extraña reacción. Se alejó un poco de nosotros hacia unos árboles y cogiendo una rama del suelo empezó a darle golpes en el tronco del árbol. Con la misma rama comenzó a cantar y se acercó a nosotros. Mi papá le preguntó:

—¿Te pegan en casa?

—¡Sí! —dijo el chico.

Y volvimos a tocar sus perros, a lo que reaccionó violentamente gritándonos.

Los niños nos comportamos, reflejamos todo aquello que está en nuestro entorno. Somos muy influenciables y muy vulnerables al medio que nos rodea.

Los niños adquirimos nuestras actitudes más básicas en el medio familiar, y en su base está que luego aceptemos o rechacemos otras que nos sean propuestas por ambientes externos. Los nacionalismos, la gente con idea localistas, exclusionistas, saben muy bien todos esto, y tratan muchas veces de controlar la educación a través de la escuela.

Los niños y los jóvenes son fácilmente reclutados tanto hacia las ideologías más monstruosas y racistas como hacia las más hermosas y nobles que pueda concebir el ser humano.

¿Qué se puede esperar de los niños de una sociedad cuyos padres está tan atareados y preocupados por el éxito? ¿Qué se puede esperar de nosotros en una sociedad tan materialista como la nuestra? Muchos papás andan perplejos y confundidos. No saben qué hacer...

Los papás andan tan atareados y preocupados por su futuro, que eso también les lleva a que nosotros estemos también ocupados: el gimnasio, la música, la danza... Los niños siempre estamos tan ocupados como nuestros papás. Hacemos tantas cosas como ellos, siempre tan ocupados. ¿Cómo podemos no estresarnos...?

El lema es: «Mi hijo tiene que ser muy competitivo». ¡Debe estar muy bien preparado para una sociedad donde prima el éxito! Por eso asiste a desarrollar cursos especiales de informática...

Si los papás se sienten agobiados y estresados por esa presión social de la cultura del éxito, ¿cómo no lo vamos a estar nosotros los niños a los que se nos prepara para lo mismo? A veces pienso que todo eso puede acabar muy mal. De hecho, muchas veces las cosas acaban mal...

Es simplemente verdad que los grandes valores humanos están siendo sustituidos por otros zafios y ruines, aunque a la gran mayoría les parezcan maravillosos.

Si te preparan para el éxito y en vez de éxito obtienes fracaso, ¿qué pasa con estos niños? ¿Por qué se nos tiene que preparar para el éxito o el fracaso...?

Siempre he tenido miedo a no triunfar, a que las cosas me salgan mal. Y aunque estoy acostumbrado a que las cosas me salgan bien tengo temor a que en cualquier momento las cosas cambien.

Ese temor de niño es lo que me hace estresarme, pasarlo mal, angustiarme. Los niños lo pasamos muy mal ante la cotidianidad de la vida, aunque muchos adultos piensan lo contrario.

Nosotros los niños tenemos además menos mecanismos psicológicos que los adultos para defendernos de la angustia. Nuestros pensamientos pueden desequilibrarnos. ¿Qué hará una sociedad futura con la mayoría de sus miembros adultos muy pasados de rosca? ¿Cómo será una sociedad futura donde la alienación campe por doquier...?

La alienación que los grandes sociólogos y filósofos predicaban hace tan sólo unas décadas, como Marcuse, son hoy día una realidad cotidiana tangible, medible, palpable... ¿Hacia donde caminamos?

Laing hablaba de una formación de aviones con un rumbo equivocado, ¿pero quién se daría cuenta de ello si todos vamos en la misma dirección y en la misma escuadrilla?

La patología social puede instalarse entre nosotros, puede estar ya entre nosotros como un cáncer muy extendido. Sin embargo, mientras haya vida existe esperanza. Por eso mientras la humanidad tenga niños es posible la regeneración.

Hoy día exigimos y pedimos una regeneración (o innovación) de los valores morales. Hay una gran lucha en los intestinos de la humanidad misma que pide cordura y buen gusto.

Mientras tanto los niños estamos siendo afectados por la realidad de los adultos. Nosotros reflejamos lo que ellos son. Nosotros somos lo que ellos son.

María Concepción Iriarte ha escrito un libro titulado *El estrés, un problema de hoy en el mundo infantil* en el que se señala:

— En los niños entre los once y los catorce años, un 14 por 100 presenta niveles de ansiedad y depresión y un 45 por 100 padece un estrés asociado a los exámenes.

— La «presión del triunfo» no sólo afecta a los ejecutivos.

¿Qué causas originan a tan temprana edad problemas típicos de la vida cotidiana?:

— Fenómeno invernadero: Consiste en educar a los niños artificialmente y mantenerles continuamente preocupados por su formación, atiborrándoles de actividades extraescolares que no pueden asimilar al ritmo adecuado.

En sus conductas:

— Tienen un concepto negativo de sí mismos.
— Son demasiado irritables.

— Experimentan un sobreesfuerzo por la necesidad de demostrar su valía personal.

— Los más vulnerables son los niños entre los nueve y los diez años, pues no han adquirido una capacidad crítica.

Pero en las escuelas donde asistimos diariamente como parte de nuestra formación según esta especialista también está instalado el mismo problema. ¿Qué problemas hay en la escuela que nos llevan a los niños a vivir estresados?:

— El colegio provoca estrés entre el 45 por 100 de la población infantil.

— El miedo genérico llega a causar auténtica fobias al colegio, afecta a uno de cada cinco escolares y casi la mitad padece una ansiedad, problemática, en torno a los trece y catorce años, cuando se enfrenta a los exámenes.

— Tienen siempre presente una «excesiva expectación» de los padres ante sus resultados académicos, actitud que les incita al sobrerrendimiento.

— El fracaso escolar, que afecta al 37 por 100 de los menores es característico de niños hiperactivos que tienen trastornos de sueño.

— En el estrés están incluidos los niños con un alto rendimiento académico, cuyos padres no sospechan que esas notas ejemplares tan sólo son el escaparate «para hacerse valer» ante los adultos. Normalmente suelen sufrir dolores de cabeza y están continuamente irritados.

Los niños no vivimos tan bien como creen muchos papás, ajenos a las visicitudes de la vida. ¡Ni mucho menos! Estamos afectados por ella como todo «quisqui»...

«¡Papá!, no seas ingenuo», pienso muchas veces mientras mi papá me mira como si fuera alguien que perteneciera a otro mundo, a otra realidad. En verdad, a veces creo que me tiene reservado un mundo especial para mí. Cuando se dé cuenta de que yo soy uno más de esta cadena, a lo mejor se desilusiona...

CAPÍTULO XII

MIS PAPÁS DICEN QUE NECESITAMOS NORMAS

Me doy cuenta de que si en mi casa no hubiera normas y reglas todo podría ser un caos.

Un niño de estos, sin normas y sin reglas, llegó a mi casa. Mi papá y mi mamá se quedaron sorprendidos al ver que literalmente les ponía patas arriba toda la casa.

Se subía y bajaba a placer de los muebles, y podía destrozar cualquier cosa. Los padres opinaban que al niño hay que dejarle libre. Sabían que tenían grandes problemas con él. Y les habían llamado de la guardería porque allí armaba estruendosos líos. Mordía a todo el que se le ponía por delante. Era aquel un niño sin normas y reglas. Pero, ¿qué podía hacer él si sus padres no le habían puesto límite alguno?

Los niños tenemos que actuar según nuestra propia naturaleza. Pero necesitamos que nos guíen. No van a aparecer en nosotros las normas como en esa teoría de la generación espontánea donde se creía que los gusanos aparecían en la carne podrida de la nada.

Eso dice que es tener una mentalidad poco clara y muy antigua. Los niños necesitamos ser educados.

Y ser educados significa someterse a normas y límites. Si a nosotros no nos pusiesen límites razonables para conducirnos....

A mi dulce señorita de infantil le escuché decir en una conversación tenida con mi madre que los niños para aprender necesitan saber seguir normas.

—Mira —decía—, un niño cuando tiene que colorear un cuadrado rojo sin salirse, debe seguir muchas instrucciones, y el niño debe haber adquirido muchos hábitos del entorno que no le vienen dados, sino que se los inculcan los padres.

—Muy bien —decía mi madre—. Explícame qué significa todo eso en términos de normas.

—Para poder hacer lo que yo le pido lo primero que tiene que hacer el niño es estar atento a todo lo que yo le digo. Pues bien, un niño es capaz de hacer esto cuando los padres en casa ya le han acostumbrado a que focalice la atención y entender lo que ellos dicen; luego deben ejecutar lo que se le dice. Eso exige mucha disciplina interior que el niño aprende a base de seguir las pequeñas indicaciones que sus padres le dan, en el día a día. Entender y ejecutar. Si un niño tiene la atención dispersa, no focaliza la atención, será difícil que entienda y luego ejecute normas. Esto suele suceder con niños muy nerviosos e hiperactivos. Los padres, de alguna manera, deben ir «domando» esa atención desfocalizada, con paciencia, haciendo que el niño vaya atendiendo a pequeñas normas y siguiendo pequeñas reglas. Si un niño no tiene estos hábitos adquiridos cuando llega al colegio y yo le doy la instrucción: «colorea este cuadrado sin salirte», puede que ni me escuche. Otro problema es que si el niño no atiende a las pequeñas instrucciones, se salta todas las reglas básicas que se establecen para poder realizar algunas actividades de manera muy eficaz. Por ejemplo, para colorear el cuadrado, no sólo se necesita comprender, sino que además hay que tener al cuerpo disciplinado para cada cosa. Los niños aprenden a comer en una mesa y sentados en una silla, y a dormir en una cama y en una habitación. Estas son pequeñas normas y reglas que el niño aprende de su entorno, no nace con ellas. Pues bien, eso es fundamental, ya que para colorear el cuadrado el niño tendrá que estar sentado y con una postura corporal adecuada para poder mover la pintura y controlar ese movimiento. Así pues, estar sentado en una mesa es una disciplina que se aprende; detrás está la familia y sus hábitos.

Mi madre, muy atenta, escuchaba a mi dulce señorita, que sobre niños sabía como nadie, pues además nos amaba.

—Si entiendo bien —dijo mi madre—, para poder colorar ese círculo con una pintura roja sin salirse, el niño necesita haber incorporado muchas normas y reglas, que, en realidad, pone en juego de manera automática, casi de forma inconsciente.

—¡Exacto! —dijo mi dulce señorita—. Los niños basan el aprender nuevas cosas sobre otras ya aprendidas; desarrollan capacidades para poder aprender, y en el desarrollo de estas capacidades entran en juego infinidad de aspectos. El niño necesita para desarrollarse y madurar las reglas, las normas...

Aquello era verdad, yo tuve de compañera a una niña que no tenía normas ni reglas. Aquella niña hacía exactamente lo que quería. En la escuela todos recortábamos cuando la señorita lo decía, pero ella no, iba por libre. Estaba todo el día de un lado para otro.

Poco a poco se fue retrasando, porque como no practicaba con los ejercicios se retardaba: no aprendía bien lo colores, y cuando dibujaba lo hacía horriblemente.

—La culpa —escuché decir a la señorita— la tiene su madre, que le deja hacer todo lo que quiere, no le da normas ni le indica reglas.

Efectivamente, un día al entrar, le armó una buena a su madre, por el abrigo. No quería quitárselo para entrar al aula.

—No llores, mi reina —le dijo, y volvió a ponerle el abrigo.

Como dominaba en su casa de esa manera, cuando mi señorita le decía que hiciera algo, decía:

—¡No!

Y cruzaba los brazos con la cara enfurruñada, y como la señorita insistía arrancaba por llorar a grito pelado. Todos mirábamos a nuestra compañera, nadie hacía ya aquellas cosas porque había en nosotros cierta disciplina; al seguir las normas y las reglas del colegio se aprendían muchas cosas.

Yo aprendí a no salirme, al colorear, de las formas que me indicaba la señorita coloreaba con gran maestría los patitos blancos, las ocas, las sillas y todo tipo de cosas que venían ya pintadas en la fichas de trabajo. Luego fui capaz de hacer líneas y dibujarme a mí mismo.

A esas cosas las llamaban preescritura. Y bueno, cuando comencé a hacer los primeros números y letras —vocales— eso fue el no va más... Estoy seguro de que eso no lo hubiera hecho con tanta facilidad si no hubiera obedecido lo que mi dulce señorita me indicaba, y eso fue posible gracias a la educación que me habían dado mi papá y mi mamá.

En el mundo de la niñez las reglas y las normas son esenciales; no por las normas en sí, sino por lo que supone para que nosotros podamos adaptarnos a la sociedad en la que nos ha tocado vivir.

Los padres no deben confundir esto con la libertad. La libertad es un concepto que se relaciona más con el tema del respeto a los demás, que eso es lo que impone límites a la conducta del individuo. La libertad del niño exige también reglas y normas de convivencia. Eso se llama en la educación infantil que a mí me han dado: tener buenos hábitos.

Escribía un psicólogo en un libro que leyó mi papá sobre este asunto:

«Piaget, en su libro *El criterio moral en el niño*, hace un análisis muy detenido de cómo asimila el niño las normas en general y las normas morales en particular. En relación a las normas de juego, el niño pasaría por una serie de estadios. En el estadio motor el niño no tiene normas; se podría hablar, si acaso, de reglas motrices. En el segundo, estadio egocéntrico, que se da a partir de los dos a cinco años, el niño juega solo sin reglas o utilizándolas de una forma muy egocéntrica en su propio beneficio. En un tercer estadio de cooperación naciente (siete-ocho años) el niño tiene reglas en sus juegos, pero no las conoce a fondo. Por último, a partir de los once años, el juego está regulado y codificado. En relación a la conciencia de las reglas, el niño primeramente hace sus rituales, pero no se siente obligado; más tarde considerará las reglas como algo exterior que se le impone y las considera intangibles. Por último, el niño mayor considera ya la regla de juego como el resultado de una libre decisión, en la que se da el consentimiento mutuo.

El niño consideró primero la regla como un producto eterno de origen adulto. Posteriormente, se dio cuenta de que la regla era el resultado de una confrontación. "En el momento en que el niño decide que se pueden cambiar las reglas, deja instantáneamente de creer en su eternidad pasada y en su origen adulto."»

Cuando el niño cree en una norma inmodificable, es que él mismo no ha intervenido en la constitución de la norma. Existe alguien superior a él que la impone, y, por tanto, la norma tiene que vivirse como incuestionable. Cuando el niño está dispuesto a intervenir en la constitución de las normas, a las cuales se va a someter, piensa que la norma es el producto de la interacción entre los seres humanos.

También los niños interrogados sobre la razón de no mentir habían realizado un proceso análogo. En un principio la mentira no debía decirse porque era objeto de castigo; más tarde el niño se identificaría con las normas del adulto, introyectándolas, y, por último, en su relación con el otro yo, llega a comprender la necesidad de no mentir. Así distingue Piaget tres etapas en la evolución: «Efectivamente, podemos distinguir tres etapas en esta evolución. En principio, la mentira es algo malo porque es objeto de sanción, y, si se suprimieran las sanciones, estaría permitida. Después, la mentira es algo malo en sí misma, y si se suprimieran las sanciones, seguiría siendo así. Finalmente, la mentira se interioriza, pues, poco a poco, y podemos hacer la hipótesis de que es bajo la influencia de la cooperación.»

«La democratización de la conciencia no es nunca lo suficientemente radical como para que el niño haga desaparecer las normas familiares. Aunque el niño y después el adulto racionalicen las causas de su comportamiento, en muchos casos podremos descubrir fácilmente cómo detrás de sus racionalizaciones laten los imperativos de su moral familiar infantil.» (Carmelo Monedero.)

Esto no significa que los papás y las mamás se vuelvan unos tiranos de las normas y de las reglas. Eso es tan malo como carecer totalmente del sentido de establecer aquellas que son básicas.

Las reglas y las normas, dice mi dulce señorita, son la forma en que organizamos el mundo que nos rodea, y esa misma organización nos permite ser personas organizadas interiormente. A esas cosas, dice ella, es a lo que hay que llamar disciplina. Ésta se basa en normas y reglas. A veces hay que decir «No» y a veces hay que de decir «Sí». Si se abusa del «No», malo; y si se abusa del «Sí», también.

Hay muchas cuestiones como las que antes hemos aludido que interesan a todos los papás del mundo. Eso de la disciplina parecería un asunto baladí, pero ahora sé que a muchos papás les preocupa.

—¿Es verdad que la disciplina no existe hoy día? —le preguntó mi mamá al psicólogo.

—Bueno, según se entienda la palabra —contestó el psicólogo—. Si por disciplina se entiende que hay que tener siempre controlado al niño, sin que pueda hacer nada más que lo que el adulto le indica. Bueno, esa era la disciplina antigua. El niño obedecía y punto. Si entendemos por disciplina otros aspectos, como la necesidad de que el niño se deje guiar, esa disciplina es del todo necesaria.

—Mi hijo es muy cabezón. Ahora que es pequeño sabe cómo darle la vuelta a los asuntos. Cuando quiere una cosa llora de tal modo que me avergüenza que la gente me mire. He optado por darle todo, y así se calla. Lo que me preocupa es que cada vez lo hace con más frecuencia —le consultó mi madre.

—En eso sí que hay que proyectar una cierta disciplina —dijo el psicólogo—. Si yo al niño le doy todo lo que me pide por temor a lo que haga o diga, sabe que de ese modo consigue lo que quiere. Ese descubrimiento lo que hace es que el niño refuerce el montar cada vez más esas escandaleras. Esas acciones le reportan muchos beneficios psicológicos: Tiene atrapada la atención del adulto sobre sí mismo, y además cumple su deseo de poseer algo o hacer algo que desea. O sea, se impone el impulso más básico del niño que es el de la gratificación y cumplir sus deseos. Si los seres humanos no ponemos límites a la realización de nuestros deseos, la vida sería imposible. Ahí, en ese límite es donde el niño debe aprender que a veces se debe renunciar a satisfacer el propio deseo.

—O sea, que aunque mi hijo llore todo lo que quiera no debe conseguir lo que pide —dijo mi madre.

—No se trata de estar todo el día prohibiendo, ni mucho menos se trata de fastidiar al niño, sino que según un juicio adulto razonable y lógico los papás deben entender que en un determinado lugar consideramos que no se puede cumplir el deseo de determinada cosa. O sea, que la disciplina se debe imponer con lógica, con sentido de la equidad y la justicia. Por otro lado, el niño percibirá que hay momentos y cosas que no se pueden lograr. El niño aprenderá a discriminar entre deseos que se pueden satisfacer y deseos que no se pueden satisfacer. Esa discriminación es un aprendizaje que produce la disciplina, la norma, la regla, y sin ella los seres humanos no podrían vivir en sociedad. Así que con el cumplimiento de normas, con la disciplina, estamos socializando al niño.

—Entonces entiendo que al niño hay que prohibirle, hay que negarle las cosas —dijo mi madre.

—No. No se trata de estar prohibiendo nada. Hay que ser flexible y simplemente dejarse conducir con normas. Hay que dar un «Sí», pero sin pasarse. Hay que establecer las oportunas reglas familiares propias de la convivencia, pero siendo libres cada uno de los miembros familiares.

—Entiendo, los padres deben ser lo suficientemente maduros y conscientes para saber qué es lo que está bien o está mal, saber si algo es conveniente o no para nuestros hijos y actuar en consecuencia.

—Algo así —dijo el psicólogo.

Mi mamá entendía que la educación de los hijos era una cuestión de límites muy sutiles, y entrañaba una filosofía, un estilo. Comprendía ahora que el estilo de cada familia nunca era el mejor ni el peor, pero que existían cosas lógicas y básicas de practicar.

Pensó mi madre en una amiga cuya hija de tres años se portaba mal durante la comida. No comía, jugaba todo el tiempo... Esta amiga era partidaria de hacer feliz a su hija antes que contradecirla en un contexto donde se podía transmitir afecto.

Así que la hija de la amiga de mi mamá le había cogido el gusto a este asunto. Comenzó a ser desobediente y mostrar un comportamiento escandaloso. Finalmente la madre tuvo que ceder que su hija necesitaba cierta disciplina, y que tenía que regular su comportamiento.

Ser disciplinado no significa que tengamos que machacar a los que como yo somos niños. Ni mucho menos. Se trata de que el adulto debe enseñarnos los límites de las cosas. No nacemos sabiendo cómo debemos comportarnos. Los comportamientos se aprenden, y los más básicos se suelen aprender en la familia. En el caso de la hija de la amiga de mi mamá el psicólogo le había dicho:

—Que comer sea comer. Para jugar y relacionarse afectivamente hay que buscar otro momento. Así la niña aprende que existen lugares, momentos para hacer y decir las cosas. La organizamos.

La verdad es que el concepto de disciplina en este sentido nada tiene que ver con ser una persona de autoritarismo dogmático. Esa actitud de los papás ya es historia. Hoy día a lo que se apela es al mundo de la lógica, de la razón...

CAPÍTULO XIII

¡AY!, SI PAPÁ Y MAMÁ NO NOS PROTEGIESEN TANTO...

Mi madre leyó un día en un artículo cosas muy interesantes al respecto de estos asuntos:

El actual «estado de confusión absoluta de los padres» responde a un conflicto de intereses. Los niños siguen siendo igual que siempre. Siguen necesitando lo mismo desde el principio de los siglos: tener cubiertas sus necesidades físicas y efectivas por un adulto que les ayude a crecer. Sin embargo, todo el entorno ha cambiado de espaldas a estas demandas. Ante este desajuste, «el niño es el perdedor».

El niño pierde porque sufre. Sufre las consecuencias del sentimiento de culpa y la desorientación de sus padres. Un sufrimiento que puede adoptar muchas y paradójicas caras. Porque el niño mimado en exceso, inundado de juguetes y golosinas, consentido en todos sus caprichos, que hace su santa voluntad, que no ha oído jamás un no de nadie, no es más feliz.

El niño necesita, además de cariño, autoridad y límites. Los necesita imperiosamente y cuando no

161

los encuentra los pide. Hay veces que un niño está pidiendo a voces un cachete, un no porque no y se acabó, sin más diálogos ni discusiones. Pero ocurre que muchos padres sufren el síndrome del trauma y son incapaces de contradecir a sus hijos en nada.

La verdad es que ser papá o mamá no es nada fácil. Así lo indicaban todas las cosas. Pero hay que reconocer que los hijos somos todo aquello que los papás comienzan a hacer con nosotros.

Mi madre decía que muchos autores parecía que decían cosas contrarias, pero en el fondo todo era complementario, aunque unos destacaban, posiblemente, más un punto de vista que otro. En un artículo titulado «Prohibido pegar» parecía que el titular contradecía lo que antes se exponía. Pero al leerlo no era así. Todas las ideas se complementaban. Mi madre se pasó largas horas estudiando esas contradicciones. Este artículo decía:

«Mi hijo Marcos es un niño deseado y largamente esperado. Le quiero más que a mi vida. Y sin embargo, el otro día me sacó hasta tal punto de mis casillas, que le pegué una sonora bofetada. Después lloramos los dos, él del susto y yo de vergüenza y arrepentimiento».

Julia R., que nos relató este episodio, todavía no comprende cómo ha podido tener una reacción tan violenta. Se había propuesto educar a su hijo con amor y comprensión, sin recurrir jamás a los castigos físicos. ¡Y ahora esto!

Un estudio realizado recientemente por una prestigiosa publicación alemana arrojó los siguientes resultados:

— La inmensa mayoría de los padres rechazan las bofetadas y los golpes.

— Sin embargo, casi todos los niños se suelen llevar algún que otro cachete, sobre todo a edades comprendidas entre un año y medio y tres años.

— La mayoría de los padres reconocen que estas bofetadas surten poco o ningún efecto.

— Las causas más frecuentes que llevaron a los padres encuestados a pegar a su hijo son primordialmente dos: o el niño corría algún peligro (43 por 100) o la madre (más raramente el padre, en general ausente de casa) se encontraba bajo un fuerte estrés (70 por 100) que, por otra parte, no tenía nada que ver con el niño.

Cuando nuestros hijos comienzan a andar e investigar su entorno, se acabaron los tranquilos tiempos de antaño. Un niño de uno a dos años necesita que, prácticamente durante todo el día, alguien corra detrás de él para impedir que se haga daño o rompa algo. Y quien corre es casi siempre la madre que, obviamente, tiene algunas cosas más que hacer. En esta situación es fácil que tenga la impresión de que el pequeño destroza las plantas, vacía el armario o abre la llave del gas sólo para provocarla. Si no, ¿por qué no le hace caso cuando le explica por enésima vez lo que debe hacer?

En momentos así algunas madres piensan que un pequeño azote o cachete dará más énfasis a sus palabras. Seguramente, ellas mismas ya se habrán percatado de que esto no es así. Por una parte, porque la memoria de un pequeño de esta edad —aún corta— no va a desarrollarse sólo porque le escuece la manita que ha recibido el golpe. A lo sumo, el efecto de un cachete dura unas pocas horas, al día siguiente todo estará olvidado.

Por otro lado, el afán del niño de tocar e investigarlo todo resulta desenfrenado —al fin y al cabo es así como aprende a conocer el mundo que surgirá siempre de nuevo, a pesar de las experiencias negativas—. De la misma forma, el pequeño aún no sabe controlar sus sentimientos. No puede fingir que está alegre cuando siente rabia o frustración. Gritará y pataleará, tal como se lo pidan sus sentimientos, aunque sea en plena calle.

A otras madres sencillamente se les escapa la mano por estrés, por cansancio, por estar sobrecargadas...

La solución parece fácil: eliminar las causas de sus nervios a flor de piel. Pero esto, desgraciadamente, pocas veces es posible. (Sin embargo, cuando el estrés es tan grande que los azotes amenazan con convertirse en malos tratos, la mujer no debe dudar en pedir ayuda y cuanto antes, mejor).

Una solución más acorde con la vida diaria consiste en desarrollar estrategias para mantener la calma también en situaciones conflictivas. Todos conocemos el consejo de contar hasta diez (o hasta cien, si es preciso). Algunas mujeres se inventaron recetas más originales, que quizá pueden dar una idea a otras madres: por ejemplo, abandonar la habitación o llevar al niño a otro cuarto, cantar o silbar, respirar profundamente, tirar un cojín contra la pared, elogiarse a sí misma para no perder los estribos...

Por supuesto, estas estrategias de urgencia no resuelven el problema causante del inminente ataque de nervios, pero evitan el golpe y dan tiempo para pensar.

En definitiva: *no* a los cachetes, porque no sirven para que los niños nos hagan caso y sí para provocar su agresividad y nuestra frustración.

Mi mamá se hacía la pobre un lío con lo de los cachetes. Con el tiempo se dio cuenta de que había que utilizar la lógica. A mí me había dado más de un cachete, y no pasaba nada, yo la quería igual. Lo que sucede es que efectivamente sin cachetes todo es mejor.

Pero mi madre aprendió a que tampoco hay que rasgarse la vestiduras ni sentirse culpables. A mí nadie me traumatizó porque me llevasen la contraria. Al revés, me enseñó a saber que existen más puntos de vista que el mío propio. Si sólo me hubieran enseñado que mi punto de vista es el único, seguro que hoy mi personalidad se caracterizaría por el egocentrismo.

Sería un egocéntrico y alguien perfectamente preparado para ser de lo más intolerante. Mi madre llegó a darse cuenta de que su conducta sería inmoral si a mi hermano y a mí nos hubiera maltratado. Nos hubiera pegado cachetes continuamente por cualquier cosa, dado voces, o... Eso sí que nos hubiera traumatizado.

Mis papás han aprendido a controlar sus sentimientos de culpa y tampoco procuran hiperprotegernos en exceso por ello; así que si en un momento determinado hay que decir «No», lo dicen y no pasa nada. Otras muchas veces dicen «Sí» y tampoco pasa nada.

Peor que esto hubiera sido que papá y mamá se hubieran desentendido totalmente de nosotros, como hoy dicen por ahí que sucede a muchos niños. Mis papás se preocupan de nosotros y por un cachete tampoco pasa nada; el otro día le pegué un mamporro a mi hermano pequeño, por rabia y celos, y por ello mi mamá me castigó pero nunca pensó que fuera un delincuente. Mis papás están aprendiendo a dejar las cosas en su sitio.

Es muy difícil que un niño actúe siempre de acuerdo a unas normas de comportamiento establecidas por los mayores, que las respete y las acepte como propias. Un niño no es un adulto en miniatura, así que los padres debemos partir de una base: hay que hacerle comprender cuáles son las conductas aceptadas y cuáles no. ¿Cómo hacerlo?

En principio, vamos a hacer funcionar nuestras dotes de convicción y vamos a olvidarnos del azote. Recuerda que existe una comunicación muy especial entre una madre y su hijo, aunque éste todavía no hable; que el pequeño puede entender perfectamente tus indicaciones, ya que sabe captar muy bien el significado de tu frase, por tu tono de voz, tus gestos... Posiblemente tendrás que repetirla en distintas ocasiones hasta que tu bebé la entienda. pero tarde o temprano, todos lo hacen, y la educación de tu hijo bien merece este esfuerzo.

166

Mis papás están de acuerdo con lo que escribe Irene Álvarez, que el medio más importante que tienen los seres humanos para entenderse siempre es la comunicación. Sobre la comunicación ha escrito mucha el autor de este libro, en esta colección dedicada a la familia. Algunos fragmentos se transcriben a continuación para que tengas en cuenta como papá y como mamá que eres lo importante que es comunicarse.

«—Es la familia donde nace y crece el mundo de la afectividad. Si algo caracteriza a la familia quizá sea porque ella representa fundamentalmente el orbe de los sentimientos. La familia surge, y no importa de qué tipo de familia estemos hablando, de una expresión básica de sentimiento.

Cualquiera de nosotros nos entroncamos y reconocemos en nuestras propias familias, en «nuestra sangre». Y no estoy diciendo que todas las experiencias que tengamos sobre la familia pertenezcan al terreno de lo positivo. Ahí es donde más fácilmente puede estallar la ambivalencia de los sentimientos amor-odio. La familia pertenece al reino de la afectividad.

— La familia es el escenario donde se produce el encuentro entre muchos tipos de personas diferentes: el buen desarrollo y el crecimiento positivo de la familia es un proceso continuado, esmerado y exquisito donde hay que entenderse y comunicarse. El lenguaje y la forma que adopten ese entendimiento y esa comunicación humana entre las diversas generaciones tienen muchas claves que se deben aprender y experimentar. Y no sólo entre diversas generaciones sino, las que suponen un igual como son los padres dentro del contexto familiar, o entre los hijos.

— La idea de la comunicación humana entre las personas está en cómo se establecen vínculos entre unos y otros. La comunicación entre los seres humanos es, por supuesto, algo que va mucho más allá de un simple diálogo entre la gente. No se trata de hablar recibiendo y emitiendo conceptos o ideas. Se trata de que en la comunicación transferimos al otro, y el otro nos transfiere a nosotros, multitud de otros elementos psicológicos. Transferimos nuestra propia experiencia y rodeamos de afecto aquello que comunicamos. Eso mismo recibimos nosotros de los demás. Claro que esas trasferencias pueden tener multitud de cargas positivas y negativas, como en la vida misma. Gracias a la comunicación yo puedo participar de la experiencia de vida del otro, y el otro puede participar de mi experiencia de vida. Por eso es tan importante la comunicación en la familia, máxime cuando los canales de la comunicación familiar suelen estar llenos de esencia afectivo-emotivo-sentimental. Carl Rogers dice que "la escucha con comprensión se da únicamente cuando vemos las ideas y las actitudes de la otra persona desde su punto de vista y cuando nos cuenta cómo le afectan". Podemos conocer al otro en la medida en que se deje ver a través del proceso de la comunicación; y nosotros nos podemos dejar ver en la medida en que comuniquemos nuestro punto de vista, manifestando cómo nos afectan las cosas. Esta idea es muy importante para que entre padres e hijos se abran canales de comunicación que permitan el intercambio mutuo de experiencias. Cualquiera de las partes que no quiera participar en ese proceso de la comunicación en el que las personas manifiestan su interior rompen el proceso de la comunicación. Si la experiencia del hijo no es manifestada al padre, o la del padre al hijo, no es posible la comunicación. Y los padres y los hijos no pueden saber sobre sus sentimientos mutuos si entre ellos no tratan de sentir lo que el otro siente a través del proceso de la comunicación. Los padres no pueden saber cómo sienten sus hijos si no tratan de que sus hijos expresen sus sentimientos, y a la inversa. Es imposible que exista confianza, comprensión del otro, si los hijos y los padres no se comunican sus experiencias de un modo abierto, sin límites. De este modo tomamos conciencia de quién es el otro: padre o hijo. Dice Roger que "la apertura a la experiencia es una conciencia de uno mismo, de los sentimientos propios, de los propios valores y actitudes del otro, sus sentimientos, sus valores y actitudes". Cuando el padre o el hijo no tiene en cuenta al otro, todo tipo de comunicación es un juicio que aboca necesariamente a la incomunicación y a establecer barreras.

Para mantener una comunicación positiva entre los padres y los hijos ambas partes deben querer hacerlo. Resulta paradójico que nuestro mundo sea definido como el de los medios de comunicación y estos mismos aboquen a las personas a la incomunicación entre ellas.

— Muchos son los ambientes que se forman alrededor de los padres; al menos, esa es la sensación que podemos tener al escuchar las opiniones de los hijos. Podemos entendernos mejor en casa con los hijos si mejoramos la comunicación con ellos, pero bajo las premisas que a lo largo de toda esta obra los hijos han propuesto: crear un clima franco, de confianza y sin temores ni miedos; un clima abierto y espontáneo, un clima de respeto mutuo donde la amistad puede ser un elemento más de cohesión y orden familiar.

El ejemplo debe ir por delante, no podemos ni debemos exigir a los hijos aquello que nosotros no cumplimos. Son los padres los primeros impulsores, desde que el niño nace, de crear las condiciones oportunas que más tarde sean las vías básicas por las que circule una comunicación sana y equilibrada entre padres e hijos.

Los padres y los hijos deben tenerse en cuenta en sus necesidades y comprender las diferencias que las generaciones tienen, pero no desde la enemistad, la tensión y el desprecio, sino desde el encuentro, el entendimiento de lo diferente, la asimilación de lo nuevo o de lo antiguo.

Lo que no podemos consentir es que bajo un mismo techo convivamos enemigos o que seamos diferentes hasta el límite de no relacionarnos. Nos tenemos que complementar, ceder, darnos gustos unos a otros. Que nuestra relación sea una proyección continua de actitudes y deseos positivos, dentro de un clima que se singularice por la alegría.

Son estos chicos y chicas los que desde los seis años hasta los veinte reclaman mayor convivencia entre padres e hijos, reclaman que no todo sea por parte de los padres trabajo y dedicación a otros asuntos que no sean ellos. Piden mayor convivencia entre padres e hijos: acontecimientos familiares, salir y estar juntos, hablar contándose las cosas de la vida diaria, quitar la televisión para entablar diálogos personales de participación e intercambio de ideas y experiencias.

Todos podemos mejorar la comunicación con los demás si en nuestros actos hacemos un guiño con el gran sentimiento que es el amor. Hacer las cosas hacia el otro con afecto y respeto, cediendo, evitando las acciones egocéntricas que no permitan al otro crecer como persona.

La burla, por creer que el otro es inferior, esa ironía del satisfecho que se ríe de la incapacidad ajena debe desaparecer de alguna manera de nuestras relaciones familiares. La mujer es persona, el hombre es persona y los hijos son personas, con todo lo que ello implica de tolerancia y respeto.

De estas cosas es de lo que estos chicos y chicas hablan cuando nos dan sus testimonios. Reconocen fallos en los padres, pero también en ellos mismos, lo cual es toda una aceptación de los propios defectos. Los padres deben reconocer los suyos, y, juntos, caminar.»

CAPÍTULO XIV

CÓMO NOS VEN LOS ESPECIALISTAS ENTRE LOS SEIS Y LOS SIETE AÑOS

Este es un anexo para los papás que tienen hijos entre los seis y los siete años, para que sepan cómo son lo escribió el autor de este libro para unos padres de un colegio

Caracteristicas generales: Muchos autores, a esta etapa que dura hasta la edad adolescente, la llaman segunda infancia. También este período de edad se subdivide a su vez en dos momentos en función de la madurez del niño. La que va de los seis a los nueve años la califican de «disgregación subjetiva», mientras que el tiempo que va de los nueve a doce años se denomina de «madurez infantil». Nosotros consideramos la edad de seis a siete años como singular porque coincide con el primer ciclo de educación primaria. Es muy importante saber, en esta pequeña introducción, que todo este periodo de la niñez se caracteriza por ser una etapa fundamentalmente adaptativa en la que los aprendizajes se tornan un tema muy esencial y se dejan en un segundo plano las características de la maduración. Es, por tanto, esencial que en el inicio de la niñez, o segunda infancia, los padres abordéis esta temática para su consideración educativa. Está claro que la educación obligatoria arranca desde los seis años, y en otros tiempos era el momento en la que el niño salía por primera vez del ambiente familiar y se escolarizaba. Lo cual, con el transcurso del tiempo, indicó que era un craso error y surgió lentamente la admisión educativa del periodo infantil; en los colegios, la mal llamada «preescolaridad», y en las escuelas infantiles (guardería) se gestaba una educación que tenía en cuenta métodos didácticos y pedagógicos con lo que se empezó a estimular a niños con edades inferiores a los tres años, ahora denominada educación infantil.

Gesell denominó a los seis años como la «edad del extremismo» y la de los siete años como la «edad de la calma»; lo cual simbólicamente nos indica qué grandes son los cambios que siguen aconteciendo en breves espacios de tiempo.

La educación obligatoria: aprendizaje y socialización: El niño de seis años es ya una persona con fuerte bagaje de estimulación educativa y lo que antes se consideraba como un momento clave de la socialización con los iguales ahora es una continuación de la socialización que se inició con la educación infantil. Esto supone un adelanto importantísimo con relación a los aprendizajes, pues el niño puede dedicarse con más énfasis a la instrucción escolar, pues la adaptación al medio educativo es ya muy madura. La educación infantil hizo posible que ese proceso de socia-

174

lización se adelantara. La edad de los seis años sigue siendo un momento especial por muchas razones de índole evolutivo.

Los niños a esta edad desarrollan unas capacidades, unas aptitudes, muy características. Pero a nosotros nos sigue pareciendo que es más importante incluso que los propios aprendizajes, el desarrollo y las características de su personalidad con relación a la familia. Sin embargo, vamos a exponer las cosas esenciales de las dos facetas de la psicología del niño en este momento: la del desarrollo del pensamiento y la de la afectividad.

A los seis-siete años nos encontramos que nuestro hijo es una persona mucho más integrada a su entorno, tiene ya una gran experiencia social en el colegio y no digamos en relación a los aprendizajes. El inicio de la escolarización obligatoria es hoy día como un proceso de continuación y perfeccionamiento de la escolarización del periodo educativo anterior. La ley de educación (LOGSE) nos garantiza la continuidad del desarrollo de las capacidades de nuestros hijos en el primer ciclo de primaria, a base de profundizar muchos de los aprendizajes que a lo largo de la etapa infantil ya desarrollaron y que ahora les vale para los nuevos aprendizajes, todo ello en un proceso de complejidad creciente.

Atención-concentración (control de la impulsividad) y los aprendizajes: El control de la impulsividad (atención-concentración y eficacia en las tareas) realmente es un tema vital considerarlo durante este periodo, pues el aprendizaje tan complejo de la lectura, la escritura y el cálculo son de más calidad cuando el niño tiene incorporado un desarrollo de la capacidad de atender y concentrarse en las tareas, ejerciendo con todo ello un control de su impulsividad.

El control de la impulsividad hace que el niño sea más capaz de aprender con eficacia. Este control depende en mucho de los hábitos que adquiere en el medio familiar incluso con las cosas más cotidianas y corrientes. Si al niño le pedimos orden será capaz también de organizarse por dentro. Si el niño no está acostumbrado a un orden externo difícilmente se podrá ordenar por dentro. Así pues, los buenos hábitos que incorporen los niños en sus casas se generalizarán a la escuela y los aprendizajes que aquí se estimulan o desarrollan serán más eficaces y de mayor calidad.

Los niños a la edad de seis años es normal que presenten cierta dispersión a la hora de abordar cualquier tarea escolar (o extraescolar) en su inicio. También pueden tener dificultad a la hora de iniciarse con eficacia en los aprendizajes; lo importante es que en un tiempo prudente desaparezca, y todo ello debe ser objeto de control educativo.

Cuando ya está en la edad de los seis a siete años si el niño siguen estando muy disperso, o es muy impulsivo en sus tareas, los padres en casa y su profesora en el colegio deben hacer que controle hábitos básicos como estar sentado cada de vez un rato más largo o haciendo algo concreto cada vez un poco más; hay que estimularle con actividades que al principio le sean fáciles y luego pasar a que intente cosas más complejas... Esta graduación es lo que podríamos llamar educación de la atención.

La atención se puede educar de muchas maneras indirectas (incluso con juegos). De cualquier modo estas cosas son para tratarlas con los profesores si en nuestro hijo o hija de seis a siete años observáramos estos asuntos, y si es así no dejarlo pues tiene gran importancia de cara a los aprendizaje escolares que se ponen en juego. Suele ser frecuente la dispersión a estas edades en las cosas cotidianas, pero conviene que logren controlarse en las actividades escolares la mecánica de la lectura, la escritura y el cálculo así lo exige.

Las técnicas de base: mecánica y comprensión de lectoescritura y el cálculo: Hay autores que dicen que leer y escribir se debe iniciar cuanto antes si el niño está suficientemente maduro y desarrollado para ello. Si el lenguaje hablado es un objetivo fundamental de la educación infantil, el aprendizaje de la escritura y el cálculo lo es también del periodo que estamos considerando. De los seis a siete años estas «técnicas de base» son un objetivo fundamental de los aprendizajes, y llamamos «técnicas de base» a estos tres aprendizajes porque ya son válidos para el alumno a lo largo de toda su vida escolar. Es decir, están como sustento de cualquier aprendizaje (estructura automatizada) para el presente y futuro escolar. La importancia que posee su correcta adquisición es realmente esencial. Hay dos grados de evolución en la escritura y la lectura, que aunque se superponen son la base de su buena adquisición. Lo primero es que el niño debe hacerse hábil en la mecánica de la lectura y la escritura al mismo tiempo que va despegándose de ella (al hacerse cada vez más automática) para lograr niveles de comprensión más sofisticados. Cuanto más perfecta o menos dificultades tiene el niño para la mecánica de la lectura, escritura y el cálculo, más libre queda para comprender las cosas. Por tanto, en los niños de seis años la mecánica de la lectura, la escritura y el cálculo debe ser un objetivo fundamental; en los de siete años hay que observar que ya tengan esas habilidades adquiridas en cierto grado y mejoren en todo lo que sea comprensión lectora.

Por otro lado, hay que aconsejar a los padres que al principio de estos procesos es normal que aparezcan dificultades, pues es como cualquier cosa en la vida, al principio hay que entrenarse. Por eso es frecuente ver pequeñas alteraciones en la lectoescritura en su inicio que suelen remitir de manera espontánea. Siempre hay que consultar con los profesores si ellos lo ven normal, y en otro caso la solución siempre pasa por un entrenamiento con material didáctico. No hay que llenarse de ansiedad, sino actuar y estimular como cuando se es mayor, y hay que recuperar en conocimiento matemático, por ejemplo. No hay que dejarlo, hay que informarse...

Proceso de lateralización: Aunque los niños suelen estar lateralizados hacia los seis años, es en esta edad cuando se cierra el proceso de tipo neurológico. La mielina del sistema nervioso ha finalizado de cubrir todo el sistema neuronal, y los hemisferios cerebrales están ya maduros como para que el niño esté perfectamente lateralizado corporalmente (zurdo-diestro: de mano, ojos, pie...). Esto da una madurez en la representación que el niño tiene sobre sí mismo en su esquema corporal, en la orientación espacial, dominancia, esquema corporal y otras capacidades que están operando por debajo de muchos aprendizajes esenciales. No hay que olvidar que la psicomotricidad gruesa y fina son funciones muy importantes a seguir trabajando. Lo importante no es el tipo de dominancia que uno tenga (izquierda-derecha, ambas...), sino que mentalmente se esté bien orientado, bien lateralizado...

Inteligencia. Razonamiento abstracto: Atendiendo al desarrollo de las capacidades el niño de los seis y siete años es capaz de tener una inteligencia y un razonamiento abstracto bastante complejo, que ha mejorado en relación al periodo anterior. Su razonamiento sigue siendo concreto (cierto grado de subjetividad) y muy apoyado aún por esquemas visuales que cada vez son más conceptuales, más abstractos y menos concretos (esto es muy marcado y diferencial a la edad de seis años —inicio— y la de siete años —final—). Dice C. Monedero que «la inteligencia del niño empieza a abandonar su subjetividad para ir transformándose en lógica. El razonamiento lógico está al principio ligado a la manipulación de los objetos; se trata de una lógica concreta».

Los aprendizajes permiten que el niño cada vez pase de manejarse con un razonamiento de concreción a utilizar cada vez más simples conceptos abstractos —p. ej., razonamiento con palabras en estructuras de sentido cada vez más complejas—. Estas cosas nos indican la evolución y la enorme velocidad de enriquecimiento de pensamiento a los seis-siete años. Con el inicio de la niñez se establece una lucha sin cuartel sobre el egocentrismo y el niño va poco a poco logrando mayores cotas de conocimiento objetivo sobre el mundo; por eso se establece una notable diferencia entre el niño de seis al de siete años.

¿Podemos hacer los padres ante estos procesos mentales algo que beneficie este desarrollo? ¡Pues claro que sí!, pero nada que se deba a la realización de grandes construcciones pedagógicas. Hay que mantenerse siempre atentos a estimularles intelectualmente poniendo en el ambiente familiar cosas que motiven el desarrollo de estas capacidades, que, a veces, puede ser a través de juegos educativos, a través de material editorial —libros—, etc. Nadie resulta como consultor más apropiado que los profesores del primer ciclo de primaria para darnos consejos en este sentido.

Memoria visual y auditiva: La memoria es una capacidad siempre interesante de potenciar tanto a nivel visual como auditivo, y existe mucho material especializado que la potencia, pero también en casa podemos alentar mediante procesos naturales y el uso de juegos. La memoria es una faceta esencial para el desarrollo de los aprendizajes.

La personalidad en este periodo: El niño está integrado ya en esa nueva sociedad que es la escuela. La familia y la escuela son dos ámbitos de referencia importantísimos para el desarrollo de su personalidad, y esos dos mundos cada vez están más integrado en su intimidad.

Se inicia ya un periodo que podríamos denominar como de latencia; es decir, que ahora, según los especialistas, el niño comienza a reprimir muchos de sus impulsos. Por ejemplo, el famoso complejo de Edipo (chicos) y de Electra (chicas). Comienzan ya a no estar tan atentos a su propia esencia personal, sino que ahora contemplan más el mundo externo, principalmente, los compañeros y amigos de clase. Están más interesados en el mundo externo que en el interno, que queda replegado a una latencia que ya no despertará hasta la adolescencia. Principalmente en todas las cuestiones libidinosas de carácter sexual. Poco a poco se hace un ser que pareciera «asexual». Más en los siete años que en los seis.

Poseen ya una correcta identificación con las figuras paterna y materna. La madre es objeto de identificación por partes de las niñas, a la que imitan. El padre lo es de los chicos. Es bueno potenciar las relaciones familiares para favorecer los procesos de identificación masculinos y femeninos. El profesor y la profesora son prolongaciones de esa identificación básica de los modelos familiares. El niño tenderá a mostrar un comportamiento semejante al que realiza con su mamá o su papá según el profesor sea de uno u otro sexo. Por eso cuando en la familia aparecen conflictos en relación a las figuras paterno-materna, ese mismo conflicto puede ser trasladado a la escuela. De ahí la importancia de la participación activa de los padres en el colegio, principalmente de la colaboración con los profesores. El desarrollo y la educación de la personalidad es algo que debe importar a padres y educadores, pero al unísono.

Por eso es muy importante que en todos los terrenos se colabore activamente entre la familia y el colegio, y entre todos lograr que nuestros hijos —nuestros alumnos— se eduquen con gran armonía en todas las facetas del «ser persona». Nada más positivo que estar siempre en estrecho contacto con los profesores, pues ellos son un apoyo importante en la orientación educativa que debemos conseguir con los niños.

ÍNDICE

COLECCIÓN
TEMAS DE FAMILIA

LA EDUCACIÓN DE LOS HIJOS
Dudas más frecuentes
Autor: Mariano González Ramírez

CÓMO HABLAR CON LOS HIJOS
Comunicación familiar
Autor: José Francisco González Ramírez

EL NIÑOS DE 0 A 3 AÑOS
Ser padres en la edad de la ternura
Autor: José Francisco González Ramírez

ELEGIR LA GUARDERÍA Y EL COLEGIO
Guia para seleccionar un buen centro
Autor: José Francisco González Ramírez

LAS FANTASÍAS DE LOS NIÑOS
"Mentalidad" infantil
Autor: José Francisco González Ramírez

LA ADOLESCENCIA
Edad crítica
Autor: Mariano González Ramírez

EL NIÑO ANTES DE NACER
Estimulación prenatal y embarazo
Autor: José Francisco González Ramírez

PIS Y CACA
Educación para el autocontrol
Autor: José Francisco González Ramírez

EDUCACIÓN Y ORDEN FAMILIAR
Cada uno en su sitio
Autor: Mariano González Ramírez

POTENCIAR LA INTELIGENCIA EN LA INFANCIA
Nuevos métodos de aprendizaje
Autor: José Francisco González Ramírez

NIÑOS SUPERDOTADOS
Ser muy listo ¿Es un problema?
Autor: José Francisco González Ramírez

DIVORCIO
¿Qué huella deja en los hijos?
Autor: Mariano González Ramírez

CRECER ENTRE HERMANOS
Los celos
Autores: Mariano y José Francisco
González Ramírez

LOS ABUELOS
Su importancia en la familia
Autor: Mariano González Ramírez

LA COMPETITIVIDAD ENTRE LOS NIÑOS
Enséñale a comprender sus límites y posibilidades
Autor: Mariano González Ramírez

PADRES PERMISIVOS
Hijos problemáticos
Autor: Mariano González Ramírez

LA AGRESIVIDAD EN LOS NIÑOS
Violencia infantil
Autor: Mariano González Ramírez

PAPÁ Y MAMÁ
Modelos para nuestros hijos
Autor: Mariano González Ramírez

EL PERRO, UN AMIGO EN LA FAMILIA
El papel de la mascota
Autor: Mariano González Ramírez

LA ADOPCIÓN
Cómo adoptarlo. Cómo educarlo
Autor: Mariano González Ramírez